TOCQ

Quinze Jours dans le désert américain

Postface de
Arnaud Blin

Couverture de
Beniamino Orsteski

ÉDITIONS MILLE ET UNE NUITS

TOCQUEVILLE
n° 218

Texte intégral

© Éditions Mille et une nuits, novembre 1998
pour la présente édition.
ISBN : 2-84205-368-0

Sommaire

Alexis de Tocqueville
Quinze Jours
dans le désert américain
page 5

Arnaud Blin
La progression inexorable
de la civilisation
page 87

Vie de Tocqueville
page 93

Repères bibliographiques
page 95

TOCQUEVILLE

Quinze Jours
dans le désert américain

Quinze Jours
dans le désert américain [1]

Une des choses qui piquaient le plus vivement notre curiosité en venant en Amérique, c'était de parcourir les extrêmes limites de la civilisation européenne et même, si le temps nous le permettait, de visiter quelques-unes de ces tribus indiennes qui ont mieux aimé fuir dans les solitudes les plus sauvages que de se plier à ce que les Blancs appellent les délices de la vie sociale. Mais il est plus difficile qu'on ne croit de rencontrer aujourd'hui le désert. Partis de New York et à mesure que nous nous avancions vers le nord-ouest, le but de notre voyage semblait fuir devant nous. Nous parcourions des lieux

---

1. Le texte relate l'expédition de l'auteur et de son ami Gustave de Beaumont entre Detroit et Saginaw, entre le 19 et le 29 juillet 1831. Tocqueville commença à le rédiger immédiatement, sur le steamboat *The Superior*, qui les emmenait sur les Grands Lacs. Il fut publié par Beaumont, après la mort de son ami, dans la *Revue des deux mondes* (1860) puis dans les *Œuvres complètes*, sous le titre de « Quinze jours dans le désert ». Nous avons pris la liberté de préciser – ce qui était évident pour un lecteur du XIXe siècle, mais ne l'est plus – qu'il s'agit du désert "américain".

célèbres dans l'histoire des Indiens, nous remontions des vallées qu'ils ont nommées, nous traversions des fleuves qui portent encore le nom de leurs tribus, mais partout, la hutte du sauvage avait fait place à la maison de l'homme civilisé ; les bois étaient tombés, la solitude prenait une vie.

Cependant nous semblions marcher sur les traces des indigènes. Il y a dix ans, nous disait-on, ils étaient ici, là, cinq ans, là deux ans. « Au lieu où vous voyez la plus belle église du village, nous racontait celui-ci, j'ai abattu le premier arbre de la forêt. – Ici, nous racontait un autre, se tenait le grand conseil de la Confédération des Iroquois. – Et que sont devenus les Indiens ? disais-je. – Les Indiens, reprenait notre hôte, ils ont été je ne sais trop où par-delà les Grands Lacs. C'est une race qui s'éteint ; ils ne sont pas faits pour la civilisation : elle les tue. »

L'homme s'accoutume à tout. À la mort sur les champs de bataille, à la mort dans les hôpitaux, à tuer et à souffrir. Il se fait à tous les spectacles : un peuple antique, le premier et le légitime maître du continent américain, fond chaque jour comme la neige aux rayons du soleil et disparaît à vue d'œil de la surface de la terre. Dans les mêmes lieux et à sa place une autre race grandit avec une rapidité plus grande encore. Par elle les forêts tombent ; les marais se dessèchent, des lacs semblables à des mers, des fleuves immenses s'opposent en vain à sa marche triomphante. Chaque année les déserts deviennent des villages, des villages deviennent des villes. Témoin journalier de ces merveilles l'Américain ne voit dans tout cela rien qui l'étonne. Cette incroyable destruction, cet accroissement plus surprenant encore lui paraît la marche habituelle des événements. Il s'y accoutume comme à l'ordre immuable de la nature.

C'est ainsi que toujours en quête des sauvages et du désert nous parcourûmes les milles qui séparent New York de Buffalo.

Le premier objet qui frappa notre vue fut un grand nombre d'Indiens qui s'étaient réunis ce jour-là à Buffalo pour recevoir le paiement des terres qu'ils ont livrées aux États-Unis.

Je ne crois pas avoir jamais éprouvé un désappointement plus complet qu'à la vue de ces Indiens. J'étais plein des souvenirs de M. de Chateaubriand[1] et de Cooper[2] et je m'attendais à voir dans les indigènes de l'Amérique des sauvages sur la figure desquels la nature avait laissé la trace de quelques-unes de ces vertus hautaines qu'enfante l'esprit de liberté. Je croyais rencontrer en eux des hommes dont le corps avait été développé par la chasse et la guerre et qui ne perdaient rien à être vus dans leur nudité. On peut juger de mon étonnement en rapprochant ce portrait de celui qui va suivre : les Indiens que je vis ce soir-là avaient une petite stature ; leurs membres, autant qu'on en pouvait juger

---

1. Tocqueville était parent par alliance de Chateaubriand : sa tante maternelle avait épousé Louis de Chateaubriand, frère de l'écrivain. Celui-ci venait de faire paraître son *Voyage en Amérique* (1827), relation – en partie imaginaire – avec son voyage de 1792.
2. *Le Dernier des Mohicans*, de James Fenimore Cooper, remportait à l'époque un énorme succès en librairie.

sous leurs vêtements, étaient grêles et peu nerveux, leur peau, au lieu de présenter une teinte de rouge cuivré, comme on le croit communément, était bronze foncé de telle sorte qu'au premier abord, ils semblaient se rapprocher beaucoup des mulâtres. Leurs cheveux noirs et luisants tombaient avec une singulière roideur sur leurs cols et sur leurs épaules. Leurs bouches étaient en général démesurément grandes et l'expression de leur figure ignoble et méchante. Leur physionomie annonçait cette profonde dépravation qu'un long abus des bienfaits de la civilisation peut seul donner. On eût dit des hommes appartenant à la dernière populace de nos grandes villes d'Europe. Et cependant c'étaient encore des sauvages. Aux vices qu'ils tenaient de nous, se mêlait quelque chose de barbare et d'incivilisé qui les rendait cent fois plus repoussants encore. Ces Indiens ne portaient pas d'armes, ils étaient couverts de vêtements européens ; mais ils ne s'en servaient pas de la même manière que nous. On voyait qu'ils n'étaient point faits à leur usage et se trouvaient encore emprisonnés dans leurs replis. Aux ornements de l'Europe, ils joignaient les produits d'un luxe barbare, des plumes, d'énormes boucles d'oreilles et des colliers de coquillages. Les mouvements de ces hommes étaient rapides et désordonnés, leur voix aiguë et discordante, leurs regards inquiets et sauvages. Au premier abord, on eût été tenté de ne voir dans chacun d'eux qu'une bête des forêts à laquelle l'éducation avait bien pu donner l'apparence d'un homme, mais qui n'en était pas moins restée un animal. Ces êtres faibles et dépravés appartenaient cependant à l'une des plus célèbres tribus de l'ancien monde américain. Nous avions devant nous, et c'est pitié de le dire, les derniers restes de cette célèbre Confédération des Iroquois dont la mâle sagesse n'était pas moins célèbre que le courage et qui tinrent longtemps la balance entre les deux plus grandes nations européennes.

On aurait tort toutefois de vouloir juger la race indienne sur cet échantillon informe, ce rejeton égaré d'un arbre sauvage qui a crû dans la boue de nos villes. Ce serait renouveler l'erreur que nous commîmes nous-mêmes et que nous eûmes l'occasion de reconnaître plus tard.

Le soir nous sortîmes de la ville et à peu de distance des dernières maisons nous aperçûmes un Indien couché sur le bord de la route. C'était un jeune homme. Il était sans mouvement et nous le crûmes mort. Quelques gémissements étouffés qui s'échappaient péniblement de sa poitrine nous firent connaître qu'il vivait encore et luttait contre une de ces dangereuses ivresses causées par l'eau-de-vie. Le soleil était déjà couché, la terre devenait de plus en plus humide. Tout annonçait que ce malheureux rendrait là son dernier soupir, à moins qu'il ne fût secouru. C'était l'heure où les Indiens quittaient Buffalo pour regagner leur village ; de temps en temps un groupe d'entre eux venait à passer près de nous. Ils s'approchaient, retournaient brutalement le corps de leur compatriote, pour le reconnaître et puis reprenaient leur marche sans daigner même répondre à nos observations. La plupart de ces hommes eux-mêmes étaient ivres. Il vint enfin une jeune Indienne qui d'abord sembla s'approcher avec un certain intérêt. Je crus que c'était la femme ou la sœur du mourant. Elle le considéra attentivement, l'appela à haute voix par son nom, tâta son cœur et, s'étant assurée qu'il vivait, chercha à le tirer de sa léthargie. Mais comme ses efforts étaient inutiles, nous la vîmes entrer en fureur contre ce corps inanimé qui gisait devant elle. Elle lui frappait la tête, lui tortillait le visage avec ses mains, le foulait aux pieds. En se livrant à ces actes de férocité, elle poussait des cris inarticulés et sauvages qui, à cette heure, semblent encore vibrer dans mes oreilles. Nous crûmes enfin devoir intervenir et nous lui ordonnâmes péremptoirement de se retirer. Elle obéit, mais nous l'entendîmes en s'éloignant pousser un éclat de rire barbare.

Revenus à la ville, nous entretînmes plusieurs personnes du jeune Indien. Nous parlâmes du danger imminent auquel il était exposé ; nous offrîmes même de payer sa dépense dans une auberge ; tout cela fut inutile. Nous ne pûmes déterminer personne à bouger. Les uns nous disaient : « Ces hommes sont habitués à boire avec excès et à coucher sur la terre. Ils ne meurent point pour de pareils accidents. » D'autres reconnaissaient que probablement l'Indien mourrait ; mais on lisait sur leurs lèvres cette pensée à moitié exprimée : « Qu'est-ce que la vie d'un Indien ? » C'était là le fond du sentiment général. Au milieu de cette société si policée, si prude, si pédante de moralité et de vertu, on rencontre une insensibilité complète, une sorte d'égoïsme, froid et implacable lorsqu'il s'agit des indigènes de l'Amérique. Les habitants des États-Unis ne chassent pas les Indiens à cor et à cri comme faisaient les Espagnols du Mexique. Mais c'est le même sentiment impitoyable qui anime ici ainsi que partout ailleurs la race européenne.

Combien de fois dans le cours de nos voyages n'avons-nous pas rencontré d'honnêtes citadins qui nous disaient le soir tranquillement assis au coin de leur foyer : « Chaque jour le nombre des Indiens va décroissant. Ce n'est pas pourtant que nous leur fassions souvent la guerre, mais l'eau-de-vie que nous leur vendons à bas prix en enlève tous les ans plus que ne pourraient faire nos armes. Ce monde-ci nous appartient, ajoutaient-ils ; Dieu, en refusant à ses premiers habitants la faculté de se civiliser, les a destinés par avance à une destruction inévitable. Les véritables propriétaires de ce continent sont ceux qui savent tirer parti de ses richesses. »

Satisfait de son raisonnement, l'Américain s'en va au temple où il entend un ministre de l'Évangile lui répéter que les hommes sont frères et que l'Être éternel qui les a tous faits sur le même modèle, leur a donné à tous le devoir de se secourir.

Le 19 juillet à dix heures du matin, nous montâmes sur le bateau à vapeur l'*Ohio*, nous dirigeant vers Détroit. Une brise très forte soufflait du nord-ouest, et donnait aux eaux du lac Érié toutes les apparences de l'Océan. À droite s'étendait un horizon sans bornes, à gauche nous serrions les côtes méridionales du lac dont souvent nous nous approchions à la portée de la voix. Ces côtes étaient parfaitement plates et différaient en cela de celles de tous les lacs que j'avais eu occasion de visiter en Europe. Elles ne ressemblaient pas non plus aux bords de la mer. D'immenses forêts les ombragent et forment autour du lac comme une ceinture épaisse et rarement interrompue. De temps en temps cependant le pays change tout à coup d'aspect. Au détour d'un bois on aperçoit la flèche élégante d'un clocher, des maisons éclatantes de blancheur et de propreté, des boutiques. Deux pas plus loin, la forêt primitive et en apparence impénétrable reprend son empire et réfléchit de nouveau son feuillage dans les eaux du lac.

Ceux qui ont parcouru les États-Unis trouveront dans ce tableau un emblème frappant de la société américaine. Tout y est heurté, imprévu ; partout l'extrême civilisation et la nature abandonnée à elle-même se trouvent en présence et en quelque sorte face à face. C'est ce qu'on ne s'imagine point en France. Pour moi, dans mes illusions de voyageur, et quelle classe d'hommes n'a pas les siennes, je me figurais tout autre chose. J'avais remarqué qu'en Europe, l'état plus ou moins retiré dans lequel se trouvait une province ou une ville, sa richesse ou sa pauvreté, sa petitesse ou son étendue exerçaient une influence immense sur les idées, les mœurs, la civilisation tout entière de ses habitants et mettaient souvent la différence de plusieurs siècles entre les diverses parties du même territoire.

Je m'imaginais qu'il en était ainsi à plus forte raison dans le Nouveau Monde et qu'un pays, peuplé d'une manière incomplète et partielle comme l'Amérique, devait présenter toutes les conditions d'existence et offrir l'image de la société à tous les âges. L'Amérique, suivant moi, était donc le seul pays où l'on pût suivre pas à pas toutes les transformations que l'état social fait subir à l'homme et où il eût jamais été possible d'apercevoir comme une vaste chaîne qui descendît d'anneau en anneau depuis l'opulent patricien des villes jusqu'au sauvage du désert. C'est là, en un mot, qu'entre quelques degrés de longitude je comptais trouver encadrée l'histoire de l'humanité tout entière.

Rien n'est vrai dans ce tableau. De tous les pays du monde l'Amérique est le moins propre à fournir le spectacle que j'y venais chercher. En Amérique, plus encore qu'en Europe, il n'y a qu'une seule société. Elle peut être riche ou pauvre, humble ou brillante, commerçante ou agricole, mais elle se compose partout des mêmes éléments. Le niveau d'une civilisation égale a passé sur elle. L'homme que vous avez laissé dans les rues de New York, vous le retrouvez au milieu des solitudes presque impénétrables : même habillement, même esprit, même langue, mêmes habitudes, mêmes plaisirs. Rien de rustique, rien de naïf, rien qui sente le désert, rien même qui ressemble à nos villages. La raison de ce singulier état de choses est facile à comprendre. Les portions de territoires les plus anciennement et les plus complètement peuplées sont parvenues à un haut degré de civilisation, l'instruction y a été prodiguée à profusion, l'esprit d'égalité, l'esprit républicain, y a répandu une teinte singulièrement uniforme sur les habitudes intérieures de la vie. Or, remarquez-le bien, ce sont précisément ces mêmes hommes qui vont peupler chaque année le désert. En Europe, chacun vit et meurt sur le sol qui l'a vu naître, mais on ne rencontre nulle part en Amérique les représentants d'une race qui se serait multipliée dans la solitude après y avoir longtemps vécu ignorée du monde et livrée à ses propres efforts. Ceux qui habitent les lieux isolés y sont arrivés d'hier. Ils y sont venus avec les mœurs, les idées, les habitudes, les besoins de la civilisation. Ils ne donnent à la vie sauvage que ce que l'impérieuse nature des choses exige d'eux. De là les plus bizarres contrastes. On passe sans transition d'un désert dans la rue d'une cité, des scènes les plus sauvages aux tableaux les plus riants de la vie civilisée. Si la nuit vous surprenant dans le champ ne vous force pas de prendre gîte au pied d'un arbre, vous avez grande chance d'arriver dans un village où vous trouverez tout, jusqu'aux modes françaises et aux caricatures des boulevards. Le marchand de Buffalo et de Détroit[1] en est aussi bien approvisionné que celui de New York. Les fabriques de Lyon travaillent pour l'un comme pour l'autre. Vous quittez les grandes routes, vous vous enfoncez dans des sentiers à peine frayés. Vous apercevez enfin un champ défriché, une cabane composée de troncs à moitié équarris où le jour n'entre que par une fenêtre étroite, vous vous croyez enfin parvenu à la demeure du paysan américain. Erreur. Vous pénétrez dans cette demeure qui semble l'asile de toutes les misères, mais le possesseur de ce lieu est couvert des

---

1. Nous conservons ici l'orthographe, à la française, de Tocqueville. Détroit, aujourd'hui Detroit, fut fondée, en 1701, par Cadillac, sous le nom de Fort Ponchartrain du Détroit.

mêmes habits que vous, il parle le langage des villes, sur sa table grossière sont des livres et des journaux ; lui-même se hâte de vous prendre à part pour savoir au juste ce qui se passe dans la vieille Europe et vous demander compte de ce qui vous a le plus frappé dans son pays. Il vous tracera sur le papier un plan de campagne pour la Pologne, et vous apprendra gravement ce qui reste à faire pour la prospérité de la France. On croirait voir un riche propriétaire qui est venu habiter momentanément et pour quelques nuits un rendez-vous de chasse. Et dans le fait la cabane de bois n'est pour l'Américain qu'un asile momentané, une concession temporaire faite à la nécessité des circonstances. Lorsque les champs qui l'environnent seront entièrement en rapport et que le nouveau propriétaire aura le loisir de s'occuper des choses agréables à la vie, une maison plus spacieuse et mieux appropriée à ses mœurs remplacera la *log house* et servira d'asile à de nombreux enfants qui un jour iront aussi se créer une demeure dans le désert.

Mais, pour en revenir à notre voyage, nous naviguâmes donc péniblement toute la journée en vue des côtes de la Pennsylvanie et plus tard de celles de l'Ohio. Nous nous arrêtâmes un instant à Presqu'Île, aujourd'hui Érié. C'est là que le canal de Pittsbourg viendra aboutir. Au moyen de cet ouvrage, dont l'entière exécution est, dit-on, facile et désormais assurée, le Mississippi communiquera avec la rivière du Nord et les richesses de l'Europe circuleront librement à travers les cinq cents lieues de terre qui séparent le golfe du Mexique de l'océan Atlantique.

Le soir, le temps étant devenu favorable, nous nous dirigeâmes rapidement vers Détroit en traversant le milieu du lac. Le matin, nous étions en vue de la petite île appelée Middle-Sister près de laquelle le commodore Perry a gagné en 1814 une célèbre victoire navale sur les Anglais.

Peu après, les côtes unies du Canada semblèrent se rapprocher rapidement et nous vîmes s'ouvrir devant nous la rivière de Détroit et paraître dans le lointain les maisons du Fort Malden. Ce lieu, fondé par les Français, porte encore des traces nombreuses de son origine. Les maisons ont la forme et la position de celles de nos paysans. Au centre du hameau s'élève le clocher catholique surmonté du coq. On dirait un village des environs de Caen ou d'Évreux. Tandis que nous considérions non sans émotion cette image de la France, notre attention fut détournée par la vue d'un singulier spectacle : à notre droite, sur le rivage, un soldat écossais montait la garde en grand uniforme. Il portait ce costume que les champs de Waterloo ont rendu si célèbre. Le bonnet à plumes, la jaquette, rien n'y manquait, le soleil faisait étinceler son habit et ses armes. À notre gauche, et comme pour nous fournir un parallèle, deux Indiens tout nus, le corps bariolé de couleurs, le nez traversé par un anneau, quittaient au même instant la rive opposée. Ils montaient un petit canot d'écorce dont une couverture formait la voile. Abandonnant cette frêle embarcation à l'effort du vent et du courant, ils s'élancèrent comme un trait vers notre vaisseau dont en un instant ils eurent fait le tour. Puis ils s'en allèrent tranquillement pêcher près du soldat anglais qui, toujours étincelant et immobile, semblait placé là comme le représentant de la civilisation brillante et armée de l'Europe.

Nous arrivâmes à Détroit à trois heures. Détroit est une petite ville de deux ou trois mille âmes que les jésuites ont fondée au milieu des bois en 1710 et qui contient encore un très grand nombre de familles françaises.

Nous avions traversé tout l'État de New York, et fait cent lieues sur le lac Érié, nous touchions cette fois aux bornes de la civilisation. Mais nous ignorions complètement vers quel lieu il fallait nous diriger. S'en informer n'était pas chose si aisée qu'on peut le croire. Traverser des forêts presque impénétrables, passer des rivières profondes, braver les marais pestilentiels, dormir exposé à l'humidité des bois, voilà des efforts que l'Américain conçoit sans peine s'il s'agit de gagner un écu : car c'est là le point. Mais qu'on fasse de pareilles choses par curiosité, c'est ce qui n'arrive pas jusqu'à son intelligence. Ajoutez à cela qu'habitant d'un désert, il ne prise que l'œuvre de l'homme. Il vous enverra volontiers visiter une route, un pont, un beau village. Mais qu'on attache du prix à de grands arbres et à une belle solitude, voilà ce qui le passe absolument.

Rien donc de plus difficile que de trouver quelqu'un en état de vous comprendre. « Vous voulez voir des bois, nous disaient en souriant nos hôtes, allez tout droit devant vous, vous trouverez de quoi vous satisfaire. Il y a précisément dans les environs des routes nouvelles et des sentiers bien percés. Quant aux Indiens vous n'en verrez que trop sur nos places publiques et dans nos rues, il n'y a pas besoin pour cela d'aller bien loin. Ceux-là au moins commencent à se civiliser et sont d'un aspect moins sauvage. » Nous ne tardâmes pas à reconnaître qu'il était impossible d'obtenir d'eux la vérité en les attaquant de front et qu'il fallait manœuvrer.

Nous nous rendîmes donc chez le fonctionnaire chargé par les États-Unis de la vente des terres encore désertes qui couvrent le district de Michigan ; nous nous présentâmes à lui comme des gens qui, sans avoir une volonté bien arrêtée de fonder un établissement dans le pays, pouvaient avoir cependant un intérêt éloigné à connaître le prix des terres et leur situation. Le major Biddle, c'était le nom du fonctionnaire, comprit cette fois à merveille ce que nous voulions faire et entra immédiatement dans une foule de détails que nous écoutâmes avec avidité. « Cette partie-ci, nous dit-il, en nous montrant sur la carte la rivière Saint-Joseph, qui après de longues sinuosités va se décharger dans le lac Michigan, me paraît la plus propre à répondre à votre dessein. La terre y est bonne, on y a déjà établi de beaux villages et la route qui y conduit est si bien entretenue que tous les jours des voitures publiques la parcourent. » Bon ! dîmes-nous en nous-mêmes, nous savons déjà par où il ne faut pas aller à moins que nous ne voulions visiter le désert en poste. Nous remerciâmes M. Biddle de ses avis et nous lui demandâmes avec un air d'indifférence et une sorte de mépris, quelle était la portion de district où jusqu'à présent le courant des émigrations s'était fait le moins sentir. « Par ici, nous dit-il, sans attacher plus de prix à ses paroles que nous à notre question, vers le nord-ouest.

Jusqu'à Pontiac et dans les environs de ce village il a été fondé depuis peu d'assez beaux établissements. Mais il ne faut pas songer à s'établir plus loin; le pays est couvert d'une forêt presque impénétrable qui s'étend sans bornes encore vers le nord-ouest et où l'on ne rencontre que des bêtes fauves et des Indiens. Les États-Unis projettent d'y ouvrir incessamment une route. Mais elle n'est encore que commencée et s'arrête à Pontiac, je vous le répète. C'est un district auquel il ne faut pas songer. » Nous remerciâmes de nouveau M. Biddle de ses bons conseils et nous sortîmes déterminés à en prendre tout juste le contre-pied. Nous ne nous possédions pas de joie de connaître enfin un lieu que n'avait pas encore atteint le torrent de la civilisation européenne.

Le lendemain 23 juillet nous nous hâtâmes de louer deux chevaux. Comme nous comptions les garder une dizaine de jours nous voulûmes déposer dans les mains du propriétaire un certain prix; mais il refusa de le recevoir disant que nous payerions à notre retour. Le fait est qu'il était sans inquiétude. Le Michigan est entouré de tous les côtés par des lacs et des déserts; il nous lâchait dans une espèce de manège dont il tenait la porte. Après donc avoir acheté une boussole ainsi que des munitions, nous nous mîmes en chemin, le fusil sur l'épaule, avec autant d'insouciance de l'avenir et le cœur aussi léger que deux écoliers qui quittent le collège pour aller passer leurs vacances sous le toit paternel.

Si en effet nous n'avions voulu voir que des bois, nos hôtes de Détroit avaient eu raison de nous dire qu'il n'y avait pas besoin d'aller bien loin, car à un mille de la ville la route entre dans la forêt pour n'en plus sortir. Le terrain sur lequel elle se trouve est parfaitement plat et souvent marécageux. De temps en temps on rencontre sur son chemin de nouveaux défrichements. Comme ces établissements ont entre eux une parfaite ressemblance, soit qu'ils se trouvent au fond du Michigan ou à la porte de New York, je vais tâcher de les décrire ici une fois pour toutes.

La clochette que le pionnier a soin de suspendre au col de ses bestiaux pour les retrouver dans l'épaisseur des bois annonce de très loin l'approche du défrichement. Bientôt on entend le retentissement de la hache qui abat les arbres de la forêt et, à mesure qu'on approche, des traces de destruction annoncent plus sûrement encore la présence de l'homme ; des branches coupées couvrent le chemin, des troncs à moitié calcinés par le feu ou mutilés par le fer se tiennent cependant debout sur votre passage. On continue sa marche et l'on parvient dans un bois dont tous les arbres semblent avoir été frappés de mort subite. Au milieu de l'été leurs branches desséchées ne présentent plus que l'image de l'hiver. En les examinant de plus près, on s'aperçoit qu'on a tracé dans leur écorce un cercle profond qui arrêtant la circulation de la sève n'a pas tardé à les faire périr. C'est en effet par là que débute ordinairement le planteur. Ne pouvant pas la première année couper tous les arbres qui garnissent sa nouvelle propriété, il sème du maïs sous leurs branches et, en les frappant de mort, il les empêche de porter ombre à sa récolte. Après ce champ, ébauche incomplète, premier pas de la civilisation dans le désert, on aperçoit tout à coup la cabane du propriétaire. Elle est en général placée au centre d'un terrain plus soigneusement cultivé que le reste, mais où cependant l'homme soutient encore une lutte inégale contre la nature. Là, les arbres ont été coupés, mais non arrachés, leurs troncs garnissent encore et embarrassent le terrain qu'ils ombrageaient autrefois. Autour de ces débris desséchés, du blé, des rejetons de chêne, des plantes de toute espèce, des herbes de toute nature croissent pêle-mêle et grandissent ensemble sur un sol indocile et encore à demi sauvage. C'est au centre de cette végétation vigoureuse et variée que s'élève la maison du planteur ou comme on l'appelle dans le pays la *log house*. Ainsi que le champ qui l'environne cette demeure rustique annonce une œuvre nouvelle et précipitée. Sa longueur excède rarement trente pieds. Elle est large de vingt, haute de quinze. Ses murs ainsi que le toit sont formés de troncs d'arbres non équarris entre lesquels on a placé de la mousse et de la terre pour empêcher le froid et la pluie de pénétrer dans l'intérieur de la maison. À mesure que le voyageur s'approche, la scène devient plus animée. Avertis par le bruit de ses pas, des enfants qui se roulaient dans les débris environnants se lèvent précipitamment et fuient vers la maison paternelle, comme effrayés à la vue d'un homme, tandis que deux gros chiens à demi sauvages, les oreilles droites et le museau allongé, sortent de la cabane et viennent en grondant couvrir la retraite de leurs jeunes maîtres.

C'est alors que le pionnier paraît lui-même à la porte de sa demeure ; il jette un regard scrutateur sur le nouvel arrivant; fait signe à ses chiens de rentrer au logis et lui-même se hâte de leur en donner l'exemple sans que notre vue paraisse exciter ni curiosité ni inquiétude.

Parvenu sur le seuil de la *log house*, l'Européen ne peut s'empêcher de promener un œil étonné sur le spectacle qu'elle présente.

Il n'y a en général à cette cabane qu'une seule fenêtre à laquelle pend quelquefois un rideau de mousseline; car, dans ces lieux où il n'est pas rare de voir manquer le nécessaire, le superflu se trouve souvent. Sur le foyer de terre battue pétille un feu résineux qui, mieux que le jour, éclaire le dedans de l'édifice. Au-dessus de ce foyer rustique, on aperçoit des trophées de guerre ou de chasse : une longue carabine rayée, une peau de daim, des plumes d'aigle. À droite de la cheminée est souvent étendue une carte des États-Unis que le vent, en s'introduisant entre les interstices du mur, soulève et agite incessamment. Près d'elle, sur un rayon solitaire de planches mal équarries, sont placés quelques volumes dépareillés : là se rencontrent une Bible dont la piété de deux générations a déjà usé la couverture et les bords, un livre de prières et parfois un chant de Milton ou une tragédie de Shakespeare. Le long des murs sont rangés quelques sièges grossiers, fruit de l'industrie du propriétaire; des malles au lieu d'armoires, des instruments d'agriculture et quelques échantillons de la récolte. Au centre de l'appartement s'élève une table boiteuse dont les pieds encore garnis de feuillage semblent avoir poussé d'eux-mêmes sur le sol qu'elle occupe. C'est là que la famille entière se réunit chaque jour pour prendre

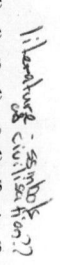

ses repas. On y voit encore une théière de porcelaine anglaise, des cuillères le plus souvent de bois, quelques tasses ébréchées et des journaux.

L'aspect du maître de cette demeure n'est pas moins remarquable que le lieu qui lui sert d'asile.

Des muscles anguleux, des membres effilés font reconnaître au premier coup d'œil l'habitant de la Nouvelle-Angleterre. Cet homme n'est pas né dans la solitude où il habite. Sa constitution seule l'annonce. Ses premières années se sont passées au sein d'une société intellectuelle et raisonnante. C'est sa volonté qui l'a jeté au milieu des travaux du désert pour lesquels il semble peu fait. Mais si ses forces physiques paraissent au dessous de son entreprise, sur ses traits sillonnés par les soins de la vie règne un air d'intelligence pratique, de froide et persévérante énergie qui frappe au premier abord. Sa démarche est lente et compassée, ses paroles mesurées et son apparence austère. L'habitude et plus encore l'orgueil a donné à son visage cette rigidité stoïque que ses actions démentent : le pionnier méprise, il est vrai, ce qui agite souvent avec le plus de violence le cœur des hommes ; ses biens et sa vie ne suivront jamais les chances d'un coup de dé ou les destinées d'une femme ; mais, pour acquérir l'aisance, il a bravé l'exil, la solitude et les misères sans nombre de la vie sauvage, il a couché sur la terre nue, il s'est exposé à la fièvre des bois et au tomahawk de l'Indien. Il a fait cet effort un jour, il le renouvelle depuis des années, il le fera vingt ans encore peut-être, sans se rebuter et sans se plaindre. Un homme capable de semblables sacrifices est-il donc un être froid et insensible et ne doit-on pas au contraire reconnaître en lui une de ces passions du cerveau si ardentes, si tenaces, et si implacables ? Concentré dans ce but unique de faire fortune, l'émigrant a fini par se créer une existence tout individuelle ; les sentiments de famille sont venus se fondre eux-mêmes dans un vaste égoïsme et il est douteux que dans sa femme et ses enfants il voie autre chose qu'une portion détachée de lui-même. Privé de rapports habituels avec ses semblables, il a appris à se faire un plaisir de sa solitude. Lorsqu'on se présente au seuil de sa demeure isolée, le pionnier s'avance à votre rencontre ; il vous tend la main suivant l'usage, mais sa physionomie n'exprime ni la bienveillance ni la joie. Il ne prend la parole que pour vous interroger, c'est un besoin de tête et non de cœur qu'il satisfait, et à peine a-t-il tiré de vous les nouvelles qu'il désirait apprendre, il retombe dans le silence. On croirait voir un homme qui s'est retiré le soir dans sa demeure fatigué des importuns et du bruit du monde. Interrogez-le à votre tour, il vous donnera avec intelligence les renseignements dont vous manquez, il pourvoira même à vos besoins, il veillera à votre sûreté tant que vous serez sous son toit. Mais il règne dans tous ses procédés tant de contrainte et d'orgueil, on y aperçoit une si profonde indifférence pour le résultat même de ses efforts, qu'on sent se glacer sa reconnaissance. Le pionnier cependant est hospitalier à sa manière, mais son hospitalité n'a rien qui vous touche parce que lui-même semble en l'exerçant se soumettre à une nécessité pénible du désert. Il voit en elle un devoir que sa position lui impose, non un plaisir. Cet homme inconnu est le représentant d'une race à laquelle l'avenir du Nouveau Monde appartient, race inquiète, raisonnante et aventureuse qui fait froidement ce que l'ardeur seule des passions explique, qui trafique de tout sans excepter même la morale et la religion.

Nation de conquérants qui se soumet à mener la vie sauvage sans se jamais laisser entraîner par ses douceurs, qui n'aime de la civilisation et des lumières que ce qu'elles ont d'utile au bien-être et qui s'enfonce dans les solitudes de l'Amérique avec une hache et des journaux ; peuple qui, comme tous les grands peuples, n'a qu'une pensée, et qui marche à l'acquisition des richesses, unique but de ses travaux, avec une persévérance et un mépris de la vie, qu'on pourrait appeler de l'héroïsme si ce nom convenait à autre chose qu'à la vertu. C'est ce peuple nomade que les fleuves et les lacs n'arrêtent point, devant qui les forêts tombent et les prairies se couvrent d'ombrages ; et qui, après avoir touché l'océan Pacifique, reviendra sur ses pas pour troubler et détruire la société qu'il aura formée derrière lui.

En parlant du pionnier, on ne peut oublier la compagne de ses misères et de ses dangers. Regardez à l'autre bout du foyer cette jeune femme qui, tout en veillant aux apprêts du repas, berce sur ses genoux son plus jeune fils. Comme l'émigrant, cette femme est dans la force de l'âge, comme lui elle peut se rappeler l'aisance de ses premières années. Son costume annonce même encore un goût de parure mal éteint. Mais le temps a passé lourdement sur elle. Dans ses traits flétris avant l'âge, à ses membres amoindris, il est facile de voir que l'existence a été pour elle un fardeau pesant. En effet cette frêle créature s'est déjà trouvée exposée à d'incroyables misères. À peine entrée dans la vie, il lui a fallu s'arracher à la tendresse de sa mère et à ces doux liens fraternels que la jeune fille n'abandonne jamais sans verser des larmes, alors même qu'elle les quitte pour aller partager l'opulente demeure d'un nouvel époux. La femme du pionnier s'est arrachée en un moment et sans espoir de retour à cet innocent berceau de sa jeunesse, mais c'est contre la solitude des forêts qu'elle a échangé les charmes de la société et les joies du foyer domestique. C'est sur la terre nue du désert qu'a été placée la couche nuptiale. Se vouer à des devoirs austères, se soumettre à des privations qui lui étaient inconnues, embrasser une existence pour laquelle elle n'était point faite, tel fut l'emploi des plus belles années de sa vie, telles ont été pour elle les douceurs de l'union conjugale. Le dénuement, les souffrances et l'ennui ont altéré son organisation fragile, mais non abattu son courage. Au milieu de la profonde tristesse peinte sur ses traits délicats, on remarque sans peine une résignation religieuse, une paix profonde, et je ne sais quelle fermeté naturelle et tranquille qui affronte tous les maux de la vie sans les craindre ni les braver.

Autour de cette femme se pressent des enfants deminus, brillants de santé, insouciants du lendemain, véritables fils du désert. Leur mère jette de temps en temps sur eux un regard plein de mélancolie et de joie ; à voir leur force et sa faiblesse, on dirait qu'elle s'est épuisée en leur donnant la vie et qu'elle ne regrette pas ce qu'ils lui ont coûté.

La maison habitée par les émigrants n'a point de séparations intérieures ni de grenier. Dans l'unique appartement qu'elle contient, la famille entière vient le soir chercher un asile. Cette demeure forme à elle seule comme un petit monde. C'est l'arche de la civilisation perdue au milieu d'un océan de feuillage, c'est une sorte d'oasis dans le désert. Cent pas plus loin l'éternelle forêt étend autour d'elle son ombrage, et la solitude recommence.

Ce n'est que le soir et après le coucher du soleil que nous arrivâmes à Pontiac. Vingt maisons très propres et fort jolies, formant autant de boutiques bien garnies, un ruisseau transparent, une éclaircie d'un quart de lieue carrée, et l'éternelle forêt à l'entour : voilà le tableau fidèle du village de Pontiac qui dans vingt ans peut-être sera une ville. La vue de ce lieu me rappela ce que m'avait dit un mois avant à New York M. Gallatin : « Il n'y a pas, me disait-il, de village en Amérique, du moins dans l'acception qu'on donne chez vous à ce mot. Ici les maisons des cultivateurs sont toutes éparpillées au milieu des champs. On ne se réunit dans un lieu que pour y établir une espèce de marché à l'usage de la population environnante. On ne voit dans ces prétendus villages que des hommes de loi, des imprimeurs ou des marchands. »

Nous nous fîmes conduire à la plus belle auberge de Pontiac (car il y en a deux) et l'on nous introduisit comme de coutume dans ce qu'on appelle la *bar-room*. C'est une salle où l'on donne à boire et où le plus simple ouvrier comme le plus riche commerçant du lieu viennent fumer, boire et parler politique ensemble sur le pied de l'égalité extérieure la plus parfaite. Le maître du lieu ou le *landlord* était, je ne dirai pas un gros paysan, il n'y a pas de paysan en Amérique, mais du moins un très gros monsieur qui portait sur sa figure cette expression de candeur et de simplicité qui distingue les maquignons normands. C'était un homme qui, de peur de vous intimider, ne vous regardait jamais en face en vous parlant, mais attendait pour vous considérer à son aise que vous fussiez occupé à converser ailleurs. Du reste, profond politique et, suivant les habitudes américaines, impitoyable questionneur. Cet estimable citoyen, ainsi que le reste de l'assemblée, nous considérèrent d'abord avec étonnement. Notre costume de voyage et nos fusils n'annonçaient guère des entrepreneurs d'industrie et voyager pour voir était une chose absolument insolite. Afin de couper court aux explications, nous déclarâmes tout d'abord que nous venions acheter des terres. À peine le mot fut-il prononcé, que nous nous aperçûmes qu'en cherchant à éviter un mal nous nous étions jetés dans un autre bien plus redoutable.

On cessa, il est vrai, de nous traiter comme des êtres extraordinaires, mais chacun voulut entrer en marché avec nous ; pour nous débarrasser d'eux et de leurs fermes, nous dîmes à notre hôte qu'avant de rien conclure nous désirions obtenir de lui d'utiles renseignements sur le prix des terrains et sur la manière de les cultiver. Il nous introduisit aussitôt dans une autre salle, étendit avec la lenteur convenable une carte du Michigan sur la table de chêne qui se trouvait au milieu de la chambre et, plaçant la chandelle entre nous trois, attendit dans un impassible silence ce que nous avions à lui communiquer. Le lecteur, sans avoir comme nous l'intention de s'établir dans l'une des solitudes de l'Amérique, peut cependant être curieux de savoir comment s'y prennent tant de milliers d'Européens et d'Américains qui viennent chaque année y chercher un asile. Je vais donc transcrire ici les renseignements fournis par notre hôte de Pontiac. Souvent depuis, nous avons été à même de vérifier leur parfaite exactitude.

« Il n'en est pas ici comme en France, nous dit notre hôte après avoir écouté tranquillement toutes nos questions et mouché la chandelle, chez vous la main-d'œuvre est bon marché et la terre est chère ; ici l'achat de la terre n'est rien et le travail de l'homme hors de prix. Ce que je dis afin de vous faire sentir que pour s'établir en Amérique comme en Europe il faut un capital, bien qu'on l'emploie différemment. Pour ma part, je ne conseillerais à qui que ce soit de venir chercher fortune dans nos déserts à moins d'avoir à sa disposition une somme de 150 à 200 dollars (800 à 1 000 francs). L'acre dans le Michigan ne se paie jamais plus de 10 shillings (environ 6,50 francs) lorsque la terre est encore inculte. C'est à peu près le prix d'une journée de travail. Un ouvrier peut donc gagner en un jour de quoi acheter une acre. Mais l'achat fait, la difficulté commence. Voici comme on s'y prend généralement pour la surmonter. Le pionnier se rend sur le lieu qu'il vient d'acquérir avec quelques bestiaux, un cochon salé, deux barils de farine et du thé. Si, près de là, se trouve une cabane, il s'y rend et y reçoit une hospitalité temporaire. Dans le cas contraire il dresse une tente au milieu même du bois qui doit devenir son champ. Son premier soin est d'abattre les arbres les plus proches, avec lesquels il bâtit à la hâte la maison grossière dont vous avez déjà pu examiner la structure. Chez nous, l'entretien des bestiaux ne coûte guère. L'émigrant les lâche dans la forêt après leur avoir attaché au cou une clochette de fer. Il est très rare que ces animaux ainsi abandonnés à eux-mêmes quittent les environs de sa demeure. La plus grande dépense est celle du défrichement. Si le pionnier arrive dans le désert avec une famille en état de l'aider dans ses premiers travaux, sa tâche est assez facile. Mais il en est rarement ainsi. En général l'émigrant est jeune et, s'il a déjà des enfants, ils sont en bas âge. Alors il lui faut pourvoir seul à tous les premiers besoins de sa famille, ou louer les services de ses voisins. Il en coûte de 3 à 4 dollars (de 15 à 20 francs) pour faire défricher une acre. Le terrain étant préparé, le nouveau propriétaire met une acre en pommes de terre, le reste en froment et en maïs. Le maïs est la providence de ces déserts, il croît dans l'eau de nos marécages et pousse sous le feuillage de la forêt mieux qu'aux rayons du soleil. C'est le maïs qui sauve la famille de l'émigrant d'une destruction inévitable, lorsque la pauvreté, la maladie, ou l'incurie l'a empêché la première année de faire un défrichement suffisant. Il n'y a rien de plus pénible à passer que les premières années qui s'écoulent après le défrichement. Plus tard vient l'aisance et ensuite la richesse. »

Ainsi parlait notre hôte, pour nous, nous écoutions ces simples détails avec presque autant d'intérêt que si nous eussions voulu les mettre nous-mêmes à profit ; et, quand il se fut tu, nous lui dîmes :

« Le sol de tous les bois abandonnés à eux-mêmes est en général marécageux et malsain ; l'émigrant qui s'expose aux misères de la solitude n'a-t-il du moins rien à craindre pour sa vie ? – Tout défrichement est une entreprise périlleuse, repartit l'Américain. Et il est presque sans exemple que le pionnier ou sa famille ait échappé pendant la première année à la fièvre des bois. Souvent quand on voyage dans l'automne, on trouve tous les habitants d'une cabane atteints de la fièvre depuis l'émigrant jusqu'à son plus jeune fils. – Et que deviennent ces malheureux lorsque la Providence les frappe ainsi ? – Ils se résignent et attendent un meilleur avenir. – Mais ont-ils quelques secours à espérer de leurs semblables ? – Presque aucun. – Peuvent-ils du moins se procurer les secours de la médecine ? – Le médecin le plus proche habite souvent à soixante milles de leur demeure. Ils font comme les Indiens, ils meurent ou guérissent suivant qu'il plaît à Dieu. » Nous reprîmes : « La voix de la religion parvient-elle quelquefois jusqu'à eux ? – Très rarement. On n'a pu encore rien prévoir dans nos bois pour assurer l'observation publique d'un culte. Presque tous les étés, il est vrai, quelques prêtres méthodistes viennent parcourir les nouveaux établissements. Le bruit de leur arrivée se répand avec une incroyable rapidité de cabane en cabane. C'est la grande nouvelle du jour. À l'époque fixée, l'émigrant, sa femme et ses enfants se rendent à travers les sentiers à peine frayés de la forêt vers le rendez-vous indiqué. On y vient de cinquante milles à la ronde. Ce n'est point dans une église que se réunissent les fidèles, mais en plein air, sous le feuillage de la forêt. Une chaire composée de troncs mal équarris, de grands arbres renversés pour servir de sièges, tels sont les seuls ornements de ce temple rustique. Les pionniers et leurs familles campent dans les bois qui l'entourent; c'est là que pendant trois jours et trois nuits la foule pratique des exercices religieux rarement interrompus. Il faut voir avec quelle ardeur ces hommes se livrent à la prière, avec quel recueillement on écoute la voix solennelle du prêtre. C'est dans le désert qu'on se montre comme affamé de religion. – Une dernière question, dîmes-nous. On croit généralement parmi nous que les déserts de l'Amérique se peuplent à l'aide de l'émigration européenne. D'où vient donc que depuis que nous parcourons vos bois, il ne nous est pas arrivé de rencontrer un seul Européen ? » Un sourire de supériorité et d'orgueil satisfait se peignit sur les traits de notre hôte en entendant cette demande : « Il n'y a que des Américains, répondit-il avec emphase, qui puissent avoir le courage de se soumettre à de semblables misères et qui sachent acheter l'aisance à un pareil prix. L'émigrant d'Europe s'arrête dans les grandes villes qui bordent la mer ou dans les districts qui les avoisinent. Là, il devient artisan, garçon de ferme, valet. Il mène une vie plus douce qu'en Europe et, satisfait de laisser à ses enfants le même héritage, il est content. C'est à l'Américain que la terre appartient. C'est à lui qu'est donné de s'emparer des solitudes du Nouveau Monde, de les soumettre à l'homme, et de se créer ainsi un immense avenir. »

Après avoir prononcé ces derniers mots, notre hôte s'arrêta. Il laissa échapper de sa bouche une immense colonne de fumée, et parut prêt à écouter ce que nous avions à lui apprendre sur nos projets.

Nous le remerciâmes d'abord de ses précieux avis et de ses sages conseils dont nous l'assurâmes que nous profiterions quelque jour; et nous ajoutâmes : « Avant de nous fixer dans votre canton, mon cher hôte, nous avons l'intention de nous rendre à Saginaw et nous désirons vous consulter sur ce point. » À ce mot de Saginaw il se fit une révolution singulière dans la physionomie de l'Américain; il semblait qu'on l'entraînât violemment hors de la vie réelle pour le pousser contre sa nature dans les domaines de l'imagination; ses yeux se dilatèrent, sa bouche s'entrouvrit et l'étonnement le plus profond se peignit sur tous ses traits : « Vous voulez aller à Saginaw, s'écria-t-il enfin, à Saginaw Bay ! Deux hommes raisonnables, deux étrangers bien élevés veulent aller à Saginaw Bay? La chose est à peine croyable. – Et pourquoi donc pas? répliquâmes-nous. – Mais savez-vous bien, reprit notre hôte, à quoi vous vous engagez? Savez-vous que Saginaw est le dernier point habité jusqu'à l'océan Pacifique? Que d'ici à Saginaw on ne trouve guère qu'un désert et des solitudes non frayées? Avez-vous réfléchi que les bois sont pleins d'Indiens et de moustiques? Qu'il vous faudra pourtant coucher au moins une nuit sous l'humidité de leur ombrage ? Avez-vous pensé à la fièvre ? Savez-vous vous tirer d'affaire dans le désert et vous retrouver dans le labyrinthe de nos forêts ? » Après cette tirade il fit une pause pour mieux juger l'impression qu'il avait produite. Nous reprîmes : « Tout cela peut être vrai. Mais nous partirons demain matin pour Saginaw Bay. » Notre hôte réfléchit un moment, hocha la tête et dit d'un ton lent et positif : « Il n'y a qu'un grand intérêt qui puisse porter deux étrangers à une semblable entreprise : vous vous êtes sans doute figuré, fort à tort, qu'il était avantageux de se fixer dans les lieux les plus éloignés de toute concurrence ? » Nous ne répondîmes point. Il reprit : « Peut-être aussi êtes-vous chargés par la compagnie des pelleteries du Canada d'établir des rapports avec les tribus indiennes des frontières ? » Même silence. Notre hôte était à bout de conjectures et il se tut, mais continua à réfléchir profondément sur la bizarrerie de notre dessein.

« Est-ce que vous n'avez jamais été à Saginaw ? dîmes-nous. – Moi, répondit-il, j'y ai été pour mon malheur cinq ou six fois, mais j'avais un intérêt à le faire et on ne peut vous en découvrir aucun. – Mais ne perdez pas de vue, mon digne hôte, que nous ne vous demandons pas s'il faut aller à Saginaw, mais seulement quels sont les moyens d'y parvenir avec facilité. » Ramené ainsi à la question, notre Américain retrouva tout son sang-froid et toute la netteté de ses idées, il nous expliqua en peu de mots et avec un admirable bon sens pratique la manière dont nous devions nous y prendre pour traverser le désert, entra dans les moindres détails, et prévit les circonstances les plus fortuites. À la fin de ses prescriptions, il fit une nouvelle pause pour voir si nous n'arrivions pas enfin au mystère de notre voyage, et s'apercevant que de part et d'autre nous n'avions plus rien à dire, il prit la chandelle, nous conduisit à une chambre et, nous ayant très démocratiquement secoué la main, s'en fut achever la soirée dans la salle commune.

Nous nous levâmes avec le jour et nous nous préparâmes à partir. Notre hôte fut bientôt lui-même sur pied. La nuit ne lui avait pas fait découvrir ce qui nous faisait tenir une conduite à ses yeux si extraordinaire. Cependant, comme nous paraissions absolument décidés à agir contrairement à ses conseils, il n'osait revenir à la charge, mais il tournait sans cesse autour de nous. Il disait de temps en temps à demi-voix : « Je puis concevoir avec peine ce qui peut porter deux étrangers à aller à Saginaw. » Il répéta cette phrase plusieurs fois, jusqu'à ce qu'enfin je lui dise en mettant le pied à l'étrier : « Il y a bien des raisons qui nous y portent, mon cher hôte. » Il s'arrêta tout court en entendant ces mots et, me regardant en face pour la première fois, il sembla se préparer à entendre la révélation d'un grand mystère. Mais moi, enfourchant tranquillement mon cheval, je lui fis pour toute conclusion un signe d'amitié et je m'éloignai au grand trot. Lorsque cinquante pas plus loin, je tournai la tête, je le vis encore planté comme une meule de foin devant sa porte. Peu après, il rentra chez lui en secouant la tête. J'imagine qu'il disait encore : « Je comprends avec peine ce que deux étrangers vont faire à Saginaw. »

On nous avait recommandé de nous adresser à un M. Williams qui ayant fait longtemps le commerce avec les Indiens Chippeways et ayant un fils établi à Saginaw pouvait nous fournir des renseignements utiles. Après avoir fait quelques milles dans les bois, et comme nous craignions déjà d'avoir manqué la maison de notre homme, nous rencontrâmes un vieillard occupé à travailler à un petit jardin. Nous l'abordâmes. C'était M. Williams lui-même. Il nous reçut avec une grande bienveillance et nous donna une lettre pour son fils. Nous lui demandâmes si nous n'avions rien à craindre des peuplades indiennes dont nous allons traverser le territoire. M. Williams rejeta cette idée avec une sorte d'indignation : « Non ! non ! dit-il, vous pouvez marcher sans crainte. Pour ma part, je dormirais plus tranquille au milieu des Indiens que des Blancs. » Je note ceci comme la première impression favorable que j'aie reçue sur les indigènes depuis mon arrivée en Amérique. Dans les pays très habités, on ne parle d'eux qu'avec un mélange de crainte et de mépris. Et je crois que là en effet ils méritent ces deux sentiments. On a pu voir plus haut ce que j'en pensais moi-même lorsque je rencontrai les premiers d'entre eux à Buffalo. À mesure qu'on avancera dans ce journal et qu'on me suivra au milieu des populations européennes des frontières et des tribus indiennes elles-mêmes, on concevra des premiers habitants de l'Amérique une idée tout à la fois plus honorable et plus juste.

Après avoir quitté M. Williams, nous poursuivîmes notre route au milieu des bois. De temps en temps un petit lac (ce district en est plein) apparaissait comme une nappe d'argent sous le feuillage de la forêt. Il est difficile de se figurer le charme qui environne ces jolis lieux où l'homme n'a point fixé sa demeure et où règnent encore une paix profonde et un silence non interrompu. J'ai parcouru dans les Alpes des solitudes affreuses où la nature se refuse au travail de l'homme, mais où elle déploie jusque dans ses horreurs même une grandeur qui transporte l'âme et la passionne. Ici la solitude n'est pas moins profonde, mais elle ne fait pas naître les mêmes impressions. Les seuls sentiments qu'on éprouve en parcourant ces déserts fleuris où tout, comme dans *Le Paradis* de Milton, est préparé pour recevoir l'homme, c'est une admiration tranquille, une émotion douce et mélancolique, un dégout vague de la vie civilisée ; une sorte d'instinct sauvage qui fait penser avec douleur que bientôt cette délicieuse solitude aura changé de face. Déjà, en effet, la race blanche s'avance à travers les bois qui l'entourent et, dans peu d'années, l'Européen aura coupé les arbres qui se réfléchissent dans les eaux limpides du lac et forcé les animaux qui peuplent ses rives de se retirer vers de nouveaux déserts.

Toujours cheminant, nous parvînmes dans une contrée d'un aspect nouveau. Le sol n'y était plus égal, mais était coupé de collines et de vallées. Plusieurs de ces collines présentent l'aspect le plus sauvage. C'est dans un de ces passages pittoresques que, nous étant retournés tout à coup pour contempler le spectacle imposant que nous laissions derrière nous, nous aperçûmes à notre grande surprise près de la croupe de nos chevaux un Indien qui semblait nous suivre pas à pas. C'était un homme de trente ans environ, grand et admirablement proportionné comme ils le sont presque tous. Ses cheveux noirs et luisants tombaient le long de ses épaules à l'exception de deux tresses qui étaient attachées sur le haut de la tête. Sa figure était barbouillée de noir et de rouge. Il était couvert d'une espèce de blouse bleue très courte. Il portait des *mittas* rouges, ce sont des espèces de pantalons qui ne vont que jusqu'au haut des cuisses, et ses pieds étaient garnis de mocassins. À son côté pendait un couteau. De la main droite il tenait une longue carabine et de la gauche deux oiseaux qu'il venait de tuer. La première vue de cet Indien fit sur nous une impression peu agréable. Le lieu était mal choisi pour résister à une attaque : à notre droite une forêt de pins s'élevait à une hauteur immense, à notre gauche s'étendait un ravin profond au fond duquel roulait parmi les rochers un ruisseau que l'obscurité du feuillage dérobait à notre vue et vers lequel nous descendions en aveugles par un sentier rapide ! Mettre la main sur nos fusils, nous retourner et nous placer dans le chemin en face de l'Indien fut l'affaire d'un moment. Il s'arrêta de même. Nous nous tînmes pendant une demi-minute en silence. Sa figure présentait tous les traits caractéristiques qui distinguent la race indienne de toutes les autres. Dans ses yeux parfaitement noirs brillait ce feu sauvage qui anime encore le regard du métis et ne se perd qu'à la deuxième ou troisième génération de sang blanc. Son nez était arqué par le milieu, légèrement écrasé par le bout, les pommettes de ses joues très élevées, et sa bouche fortement fendue laissait voir deux rangées de dents étincelantes de blancheur qui témoignaient assez que le sauvage plus propre que son voisin l'Américain ne passait pas sa journée à mâcher des feuilles de tabac. J'ai dit qu'au moment où nous nous étions retournés en mettant la main sur nos armes, l'Indien s'était arrêté. Il subit l'examen rapide que nous fîmes de sa personne avec une impassibilité absolue, et un regard ferme et immobile. Comme il vit que nous n'avions de notre côté aucun sentiment hostile, il se mit à sourire; probablement il s'apercevait qu'il nous avait alarmés. C'est la première fois que je pus observer à quel point l'expression de la gaieté change complètement la physionomie de ces hommes sauvages. J'ai eu cent fois depuis l'occasion de faire la même remarque. Un Indien sérieux et un Indien qui sourit, ce sont absolument deux hommes différents. Il règne dans l'immobilité du premier une majesté sauvage qui imprime un sentiment involontaire de terreur. Ce même homme vient-il à sourire, sa figure entière prend une expression de naïveté et de bienveillance qui lui donne un charme réel.

Quand nous vîmes notre homme se dérider, nous lui adressâmes la parole en anglais. Il nous laissa parler tout à notre aise, puis fit signe qu'il ne comprenait point. Nous lui offrîmes un peu d'eau-de-vie qu'il accepta sans hésitation comme sans remerciement. Parlant toujours par signes, nous lui demandâmes les oiseaux qu'il portait et il nous les donna moyennant une petite pièce de monnaie. Ayant ainsi fait connaissance, nous le saluâmes de la main et partîmes au grand trot. Au bout d'un quart d'heure d'une marche rapide, m'étant retourné de nouveau, je fus confondu d'apercevoir encore l'Indien, derrière la croupe de mon cheval. Il courait avec l'agilité d'un animal sauvage, sans prononcer un seul mot ni paraître allonger son allure. Nous nous arrêtâmes, il s'arrêta. Nous repartîmes, il repartit. Nous nous lançâmes à toute course. Nos chevaux élevés dans le désert franchissaient avec facilité tous les obstacles. L'Indien doubla sa marche sans effort ; je l'apercevais tantôt à droite, tantôt à gauche de mon cheval, sautant par-dessus les buissons et retombant sur la terre sans bruit. On eût dit l'un de ces loups du nord de l'Europe qui suivent les cavaliers dans l'espérance qu'ils tomberont de leurs chevaux et pourront être plus facilement dévorés. La vue de cette figure immobile qui, tantôt se perdant dans l'obscurité de la forêt, tantôt reparaissant au grand jour, semblait voltiger à nos côtés, finissait par nous devenir importune. Ne pouvant concevoir ce qui portait cet homme à nous suivre d'un pas si précipité – et peut-être le faisait-il depuis très longtemps lorsque nous le découvrîmes la première fois – il nous vint dans la tête que peut-être il nous menait dans une embuscade. Nous étions occupés de ces pensées lorsque nous aperçûmes dans le bois devant nous le bout d'une autre carabine. Bientôt nous fûmes à côté de celui qui la portait ; nous le prîmes d'abord pour un Indien, il était couvert d'une espèce de redingote courte qui, serrée autour de ses reins, dessinait une taille droite et bien prise, son col était nu, et ses pieds couverts de mocassins. Lorsque nous arrivâmes près de lui et qu'il leva la tête, nous reconnûmes sur-le-champ un Européen et nous nous arrêtâmes. Il vint à nous, nous secoua la main avec cordialité et nous entrâmes en conversation : « Est-ce que vous vivez dans le désert ? lui dîmes-nous – Oui, nous dit-il, voilà ma maison ; il nous montrait au milieu des feuilles une hutte beaucoup plus misérable que les *log houses* ordinaires. – Seul ? – Seul. – Et que faites-vous donc ici ? – Je parcours ces bois et je tue à droite et à gauche le gibier qui se rencontre sur mon chemin, mais il y a peu de bons coups à faire maintenant. – Et ce genre de vie vous plaît ? – Plus que tout autre. – Mais ne craignez-vous pas les Indiens ? – Craindre les Indiens ! J'aime mieux vivre au milieu d'eux que dans la société des Blancs. Non ! non ! je ne crains pas les Indiens. Ils valent mieux que nous, à moins que nous ne les ayons abrutis par nos liqueurs, les pauvres créatures ! » Nous montrâmes alors à notre nouvelle connaissance l'homme qui nous suivait si obstinément et qui alors s'était arrêté à quelques pas et restait aussi immobile qu'un terme. « C'est un Chippeway, dit-il, ou comme les Français l'appellent, un Sauteur. Je gage qu'il revient du Canada où il a reçu les présents annuels des Anglais. Sa famille ne doit pas être loin d'ici. » Ayant ainsi parlé, l'Américain fit signe à l'Indien de s'approcher et commença à lui parler dans sa langue avec une extrême facilité. C'était chose remarquable à voir que le plaisir que ces deux hommes de naissance et de mœurs si différentes trouvaient à échanger entre eux leurs idées. La conversation roulait évidemment sur le mérite respectif de leurs armes. Le Blanc, après avoir examiné très attentivement le fusil du sauvage : « Voilà une belle carabine, dit-il, les Anglais la lui ont donnée sans doute pour s'en servir contre nous. Et il ne manquera pas de le faire à la première guerre. C'est ainsi que les Indiens attirent sur leur tête tous les malheurs qui les accablent. Mais ils n'en savent pas plus long, les pauvres gens. – Les Indiens, dis-je, se servent-ils avec habileté de ces longs et lourds fusils ? – Il n'y a pas de tireurs comme les Indiens, reprit vivement notre nouvel ami avec l'accent de la plus grande admiration. Examinez les petits oiseaux qu'il vous a vendus, monsieur, ils sont percés d'une seule balle et je suis bien sûr qu'il n'a tiré que deux coups pour les avoir. Oh ! ajouta-t-il, il n'y a rien de plus heureux qu'un Indien dans les pays d'où nous n'avons pas encore fait fuir le gibier. Mais les gros animaux nous sentent à plus de trois cents milles et en se retirant ils font devant nous comme un désert où les pauvres Indiens ne peuvent plus vivre s'ils ne cultivent pas la terre. »

Comme nous reprenions notre chemin : « Quand vous repasserez, nous cria notre nouvel ami, frappez à ma porte. On a du plaisir à rencontrer des visages blancs dans ces lieux-ci. »

J'ai relaté cette conversation qui en elle-même ne contient rien de remarquable pour faire connaître une espèce d'hommes que nous rencontrâmes depuis très fréquemment sur les limites des terres habitées. Ce sont des Européens qui en dépit des habitudes de leur jeunesse ont fini par trouver dans la liberté du désert un charme inexprimable. Tenant aux solitudes de l'Amérique par leur goût et leurs passions, à l'Europe par leur religion, leurs principes et leurs idées, ils mêlent l'amour de la vie sauvage à l'orgueil de la civilisation et préfèrent les Indiens à leurs compatriotes sans cependant se reconnaître leurs égaux.

Nous reprîmes donc notre marche et, nous avançant toujours avec la même rapidité, nous atteignîmes au bout d'une demi-heure la maison d'un pionnier. Devant la porte de cette cabane, une famille indienne avait établi sa demeure passagère. Une vieille femme, deux jeunes filles, plusieurs enfants se tenaient accroupis autour d'un feu à l'ardeur duquel étaient exposés les restes d'un chevreuil entier. À quelques pas de là sur l'herbe, un Indien tout nu se chauffait aux rayons du soleil tandis qu'un petit enfant se roulait près de lui dans la poussière. Ce fut là que s'arrêta notre silencieux compagnon ; il nous quitta sans prendre congé de nous et fut s'asseoir gravement au milieu de ses compatriotes. Qui avait pu porter cet homme à suivre ainsi pendant deux lieues la course de nos chevaux ? C'est ce que nous ne pûmes jamais deviner. Après avoir déjeuné en cet endroit, nous remontâmes à cheval et poursuivîmes notre marche au milieu d'une haute futaie peu épaisse. Le taillis a été brûlé autrefois comme on peut l'apercevoir aux restes calcinés de quelques arbres qui sont couchés sur l'herbe. Le sol est aujourd'hui couvert de fougères qu'on voit s'étendre à perte de vue sous le feuillage de la forêt.

Quelques lieues plus loin, mon cheval se déferra, ce qui nous causa une vive inquiétude. Près de là heureusement nous rencontrâmes un planteur qui parvint à le referrer. Sans cette rencontre heureuse je doute que nous eussions pu aller plus loin. Car nous approchions alors de l'extrême limite des défrichements. Ce même homme qui nous mit ainsi en état de poursuivre notre route nous invita à presser le pas, le jour commençant à baisser et deux grandes lieues nous séparant encore de Flint River où nous voulions aller coucher.

Bientôt en effet une obscurité profonde commença à nous environner. La nuit était sereine mais glaciale. Il régnait au fond de ces forêts un silence si profond et un calme si complet qu'on eût dit que toutes les forces de la nature y étaient comme paralysées. On n'y entendait que le bourdonnement incommode des moustiques, et le bruit des pas de nos chevaux. De temps en temps, on apercevait au loin un feu d'Indien devant lequel un profil austère et immobile se dessinait dans la fumée. Au bout d'une heure nous arrivâmes à un lieu où se divise le chemin. Deux sentiers s'ouvraient en cet endroit. Lequel des deux prendre ? Le choix était délicat ; l'un aboutissait à un ruisseau dont nous ne connaissions pas la profondeur, l'autre à une éclaircie. La lune qui se levait alors nous montrait devant nous une vallée remplie de débris. Plus loin nous apercevions deux maisons. Il était si important de ne point nous égarer dans un pareil lieu et à cette heure que nous résolûmes de prendre des renseignements avant d'aller plus loin. Mon compagnon resta pour tenir les chevaux et moi, jetant mon fusil sur mon épaule, je descendis dans le vallon. Bientôt je m'aperçus que j'entrais dans un défrichement tout récent ; des arbres immenses non encore débarrassés de leurs branches couvraient la terre. Je parvins en sautant de l'un à l'autre à arriver assez rapidement jusqu'auprès des maisons, mais le même ruisseau que nous avions déjà rencontré m'en séparait. Heureusement son cours se trouvait embarrassé dans cet endroit par de grands chênes que la hache du pionnier y avait sans doute précipités. Je réussis à me glisser le long de ces arbres et j'arrivai enfin à l'autre bord. J'approchai avec précaution des deux maisons, craignant que ce ne fussent des wigwams indiens; elles n'étaient point encore finies, j'en trouvai les portes ouvertes et aucune voix n'y répondit à la mienne. Je revins sur les bords du ruisseau où je ne pus m'empêcher d'admirer pendant quelques minutes la sublime horreur du lieu. Cette vallée semblait former une arène immense, qu'environnait de toutes parts comme une noire draperie le feuillage du bois et au centre de laquelle les rayons de la lune, en se heurtant, venaient créer mille êtres fantastiques qui semblaient se jouer en silence au milieu des débris de la forêt. Du reste, aucun son quelconque, aucun bruit de vie ne s'élevait de cette solitude. Je songeai enfin à mon compagnon et je l'appelai à grands cris pour lui apprendre le résultat de mes recherches, l'engager à passer le ruisseau et à venir me retrouver. Ma voix retentit pendant longtemps dans les solitudes qui m'environnaient. Mais je n'obtins aucune réponse. Je criai de nouveau et écoutai encore. Le même silence de mort régnait dans la forêt. L'inquiétude me saisit et je courus le long du ruisseau pour trouver le chemin que je savais en traverser plus bas le cours. Arrivé là j'entendis dans le lointain les pas des chevaux et je vis bientôt après paraître Beaumont lui-même.

Étonné de ma longue absence il avait pris le parti de s'avancer vers le ruisseau ; il s'était déjà engagé dans les bas-fonds lorsque je l'avais appelé. Ma voix n'avait pu alors parvenir jusqu'à lui. Il me raconta que de son côté il avait fait tous ses efforts pour se faire entendre et avait été comme moi effrayé de ne point recevoir de réponse. Sans le gué qui nous servit de point de réunion, nous nous serions peut-être cherchés une grande partie de la nuit. Nous nous remîmes en route en nous promettant bien de ne plus nous séparer et à trois quarts d'heure de là nous aperçûmes enfin un défrichement, deux ou trois cabanes et ce qui nous fit plus de plaisir, une lumière. La rivière qui s'étendait comme un fil violet au bout du vallon acheva de nous prouver que nous étions arrivés à Flint River. Bientôt en effet les aboiements des chiens firent retentir le bois et nous nous trouvâmes devant une *log house* dont une barrière seule nous séparait. Comme nous nous préparions à la franchir, la lune nous fit apercevoir de l'autre côté un grand ours noir qui debout sur ses pattes et tirant à lui sa chaîne indiquait aussi clairement qu'il le pouvait son intention de nous donner une accolade toute fraternelle. « Quel diable de pays est ceci, dis-je, où l'on a des ours pour chiens de garde ? – Il faut appeler, me répliqua mon compagnon, si nous tentions de passer la barrière, nous aurions de la peine à faire entendre raison au portier. » Nous appelâmes donc à tue-tête et si bien qu'un homme mit enfin la tête à la fenêtre. Après nous avoir examinés au clair de la lune : « Entrez, messieurs, nous dit-il, Trinc, allez vous coucher. Au chenil, vous dis-je. Ce ne sont pas des voleurs. »

L'ours recula en se dandinant et nous entrâmes. Nos chevaux étaient à moitié morts de fatigue, nous demandâmes à notre hôte si on pouvait avoir de l'avoine. « Sans doute », répondit-il ; il se mit aussitôt à faucher le champ le plus voisin avec toute la tranquillité américaine et comme il aurait pu le faire en plein midi. Pendant ce temps nous dessellions nos montures et nous les attachions faute d'écurie aux barrières à travers lesquelles nous venions de passer. Ayant ainsi songé à nos compagnons de voyage, nous commençâmes à penser à notre gîte. Il n'y avait qu'un lit dans la maison. Le sort l'ayant adjugé à Beaumont, je m'entourai dans mon manteau et, me couchant sur le plancher, m'endormis aussi profondément qu'il convient à un homme qui vient de faire quinze lieues à cheval.

Le lendemain 25 juillet notre premier soin fut de nous enquérir d'un guide. Un désert de quinze lieues sépare Flint River de Saginaw et le chemin qui y conduit ne forme qu'un sentier étroit, à peine reconnaissable à l'œil. Notre hôte approuva notre dessein et bientôt après il nous amena deux Indiens dans lesquels il nous assura que nous pouvions mettre toute confiance. L'un était un enfant de treize à quatorze ans. L'autre un jeune homme de dix-huit ans. Le corps de ce dernier, sans avoir encore acquis les formes vigoureuses de l'âge mûr, donnait cependant déjà l'idée de l'agilité unie à la force. Il était de moyenne grandeur, sa taille était droite et élancée, ses membres flexibles et bien proportionnés. De longues tresses tombaient de sa tête nue ; de plus il avait eu soin de peindre sur sa figure des lignes noires et rouges de la manière la plus symétrique. Un anneau passé dans la cloison du nez, un collier et des boucles d'oreilles complétaient sa parure. Son attirail de guerre n'était pas moins remarquable. D'un côté la hache de bataille, le célèbre tomahawk ; de l'autre un couteau long et acéré à l'aide duquel les sauvages enlèvent la chevelure du vaincu. À son cou était suspendue une corne de taureau qui lui servait de poire à poudre et il tenait une carabine rayée dans sa main droite. Comme chez la plupart des Indiens son regard était farouche et son sourire bienveillant. À côté de lui, et comme pour compléter le tableau, marchait un chien à oreilles droites, à museau allongé, beaucoup plus semblable à un renard qu'à aucune autre espèce d'animal, et dont l'air farouche était en parfaite harmonie avec la contenance de son conducteur. Après avoir examiné notre nouveau compagnon avec une attention dont il ne parut pas un seul moment s'apercevoir, nous lui demandâmes ce qu'il désirait de nous pour prix du service qu'il allait nous rendre. L'Indien répondit quelques mots dans sa langue et l'Américain, se hâtant de prendre la parole, nous apprit que ce que demandait le sauvage pouvait être évalué à deux dollars. « Comme ces pauvres Indiens, ajouta charitablement notre hôte, ne savent pas le prix de l'argent, vous me donnerez les dollars et je me chargerai volontiers de lui fournir l'équivalent. » Je fus curieux de voir ce que le digne homme appelait l'équivalent de deux dollars et je le suivis tout doucement dans le lieu où se faisait le marché. Je le vis délivrer à notre guide une paire de mocassins et un mouchoir de poche, objets dont la valeur totale ne montait certainement pas à la moitié de la somme. L'Indien se retira fort satisfait et moi je m'en fus sans bruit, disant comme La Fontaine : « Ah ! si les lions savaient peindre ! »[1]

Au reste ce ne sont pas seulement les Indiens que les pionniers américains prennent pour dupes. Nous étions tous les jours nous-mêmes victimes de leur extrême avidité pour le gain. Il est très vrai qu'ils ne volent point. Ils ont trop de lumières pour commettre une pareille imprudence, mais du reste je n'ai jamais vu aubergiste de grande ville surfaire avec plus d'impudeur que ces habitants du désert chez lesquels je me figurais trouver l'honnêteté primitive et la simplicité des mœurs patriarcales.

Tout était prêt ; nous montâmes à cheval et, passant à gué le ruisseau qui forme l'extrême limite entre la civilisation et le désert, nous entrâmes pour tout de bon dans la solitude.

Nos deux guides marchaient ou plutôt sautaient devant nous comme des chats sauvages à travers les obstacles du chemin. Qu'un arbre renversé, un ruisseau, un marais vînt à se rencontrer, ils indiquaient du doigt le meilleur chemin, passaient eux-mêmes et ne se retournaient même point pour nous voir sortir du mauvais pas ; habitué à ne compter que sur lui-même, l'Indien conçoit difficilement qu'un autre ait besoin d'aide. Il sait vous rendre un service au besoin, mais personne ne lui a

---

1. *Cf. Fables* (III, 10), *Le Lion abattu par l'homme* : passant devant un tableau représentant ce sujet, un lion regrette que ses congénères ignorent la peinture...

encore appris l'art de le faire valoir par des prévenances et des soins. Cette manière d'agir aurait toutefois amené des observations de notre part ; mais il nous était impossible de faire comprendre un seul mot à nos compagnons. Et puis ! nous nous sentions complètement en leur pouvoir. Là en effet l'échelle était renversée ; plongé dans une obscurité profonde, réduit à ses propres forces, l'homme civilisé marchait en aveugle, incapable non seulement de se guider dans le labyrinthe qu'il parcourait, mais même d'y trouver les moyens de soutenir sa vie. C'est au milieu des mêmes difficultés que triomphait le sauvage ; pour lui la forêt n'avait point de voile, il s'y trouvait comme dans sa patrie ; il y marchait la tête haute, guidé par un instinct plus sûr que la boussole du navigateur. Au sommet des plus grands arbres, sous les feuillages les plus épais, son œil découvrait la proie près de laquelle l'Européen eût passé et repassé cent fois en vain.

De temps en temps nos Indiens s'arrêtaient, ils mettaient le doigt sur les lèvres pour nous indiquer d'agir en silence et nous faisaient signe de descendre de cheval. Guidés par eux nous parvenions jusqu'en un endroit où l'on pouvait apercevoir le gibier. C'était un spectacle singulier à voir que le sourire méprisant avec lequel ils nous guidaient par la main comme des enfants et nous amenaient enfin près de l'objet qu'eux-mêmes apercevaient depuis longtemps.

À mesure cependant que nous avancions, les dernières traces de l'homme s'effaçaient. Bientôt tout cessa même d'annoncer la présence du sauvage et nous eûmes devant nous le spectacle après lequel nous courions depuis si longtemps, l'intérieur d'une forêt vierge.

Au milieu d'un taillis peu épais et à travers lequel on peut apercevoir les objets à une assez grande distance, s'élevait d'un seul jet une haute futaie composée presque en totalité de pins et de chênes. Obligé de croître sur un terrain très circonscrit et presque entièrement privé des rayons du soleil, chacun de ces arbres monte par le plus court chemin chercher l'air et la lumière. Aussi droit que le mât d'un vaisseau il s'élève rapidement au-dessus de tout ce qui l'environne et ce n'est que parvenu à une région supérieure qu'il étend tranquillement ses branches et s'enveloppe de leur ombre. D'autres le suivent bientôt dans cette sphère élevée et tous entrelaçant leurs rameaux forment comme un dais immense au-dessus de la terre qui les porte. Au-dessous de cette voûte humide et immobile, l'aspect change et la scène prend un caractère tout nouveau. Un ordre majestueux règne au-dessus de votre tête. Près de la terre tout présente au contraire l'image de la confusion et du chaos. Des troncs incapables de supporter plus longtemps leurs branches se sont fendus dans la moitié de leur hauteur et ne présentent plus à l'œil qu'un sommet aigu et déchiré. D'autres, longtemps ébranlés par le vent, ont été précipités d'une seule pièce sur la terre ; arrachées du sol, leurs racines forment comme autant de remparts naturels derrière lesquels plusieurs hommes pourraient facilement se mettre à couvert. Des arbres immenses retenus par les branches qui les environnent restent suspendus dans les airs et tombent en poussière sans toucher le sol. Il n'y a pas parmi nous de pays si peu peuplé où une forêt soit assez abandonnée à elle-même pour que les arbres, après y avoir suivi tranquillement leur carrière, y tombent enfin de décrépitude. C'est l'homme qui les frappe dans la force de leur âge et qui débarrasse la forêt de leurs débris. Dans les solitudes de l'Amérique au contraire la nature dans sa toute-puissance est le seul agent de ruine comme le seul pouvoir de reproduction. Ainsi que dans les forêts soumises au domaine de l'homme la mort frappe ici sans cesse ; mais personne ne se charge d'enlever les débris qu'elle a faits. Tous les jours ajoutent à leur nombre ; ils tombent, ils s'accumulent les uns sur les autres, le temps ne peut suffire à les réduire assez vite en poussière et à préparer de nouvelles places. Là se trouvent couchées côte à côte plusieurs générations de morts. Les uns arrivés au dernier terme de dissolution ne présentent plus à l'œil qu'un long trait de poussière rouge tracé dans l'herbe. D'autres déjà à moitié consumés par le temps conservent encore cependant leurs formes. Il en est enfin qui tombés d'hier étendent encore leurs longs rameaux sur la terre et arrêtent les pas du voyageur par un obstacle qu'il n'avait pas prévu. Au milieu de ces débris divers, le travail de la reproduction se poursuit sans cesse. Des rejetons, des plantes grimpantes, des herbes de toute espèce se font jour à travers tous les obstacles. Elles rampent le long des troncs abattus, elles s'insinuent dans leurs poussières, elles soulèvent et brisent l'écorce qui les couvre encore. La vie et la mort sont ici comme en présence, elles semblent avoir voulu mêler et confondre leurs œuvres.

Il nous est souvent arrivé d'admirer sur l'Océan une de ces soirées calmes et sereines, alors que les voiles flottant paisiblement le long des mâts laissent ignorer au matelot de quel côté s'élèvera la brise. Ce repos de la nature entière n'est pas moins imposant dans les solitudes du Nouveau Monde que sur l'immensité de la mer. Lorsque au milieu du jour le soleil darde ses rayons sur la forêt, on entend souvent retentir dans ses profondeurs comme un long gémissement, un cri plaintif qui se prolonge au loin. C'est le dernier effort du vent qui expire. Tout autour de vous rentre alors dans un silence si profond, une immobilité si complète que l'âme se sent pénétrée d'une sorte de terreur religieuse. Le voyageur s'arrête alors ; il regarde : pressés les uns contre les autres, entrelacés dans leurs rameaux, les arbres de la forêt semblent ne former qu'un seul tout, un édifice immense et indestructible, sous les voûtes duquel règne une obscurité éternelle. De quelque côté qu'il porte ses regards, il n'aperçoit qu'un champ de violence et de destruction ; des arbres brisés, des troncs déchirés, tout annonce que les éléments se font ici perpétuellement la guerre. Mais la lutte est suspendue, le mouvement s'est subitement arrêté à l'ordre d'un pouvoir inconnu. Des branches à moitié brisées sont restées suspendues au tronc qui ne semble plus leur offrir d'appui ; des arbres déjà déracinés n'ont pas eu le temps d'arriver jusqu'à terre et sont restés suspendus dans les airs.

Il écoute, il retient sa respiration avec crainte pour mieux saisir le moindre retentissement de l'existence qui peut frapper son oreille ; aucun son, aucun murmure ne parvient jusqu'à lui. Il nous est arrivé plus d'une fois en Europe de nous trouver égarés au fond des bois : mais toujours quelques bruits de vie venaient y frapper notre oreille. C'était le tintement éloigné de la cloche du village le plus voisin, les pas d'un voyageur, la hache du bûcheron, l'explosion d'une arme à feu, les aboiements d'un chien, ou seulement cette rumeur confuse qui s'élève d'un pays civilisé. Ici non seulement l'homme manque, mais la voix même des animaux ne se fait point entendre. Les plus petits d'entre eux ont quitté ces lieux pour se rapprocher des habitations humaines, les plus grands pour s'en éloigner encore davantage. Ceux qui restent se tiennent cachés à l'abri des rayons du soleil. Ainsi tout est immobile dans les bois, tout est silencieux sous leur feuillage. On dirait que le Créateur a pour un moment détourné sa face et que les forces de la nature sont paralysées.

Ce n'est pas au reste dans ce seul cas que nous avons remarqué la singulière analogie qui existe entre la vue de l'Océan et l'aspect d'une forêt sauvage. Dans l'un comme dans l'autre spectacle, l'idée de l'immensité vous assiège. La continuité des mêmes scènes, leur monotonie même étonne et accable l'imagination. J'ai retrouvé plus fort et plus poignant peut-être dans les solitudes du Nouveau Monde le sentiment d'isolement et d'abandon qui m'avait semblé si pesant au milieu de l'Atlantique. Sur la mer du moins le voyageur contemple un vaste horizon vers lequel il dirige toujours sa vue avec espérance. Mais dans cet océan de feuillages, qui peut indiquer le chemin ? Vers quels objets tourner ses regards ?

En vain s'élève-t-on sur le sommet des plus grands arbres, d'autres plus élevés encore vous environnent. Inutilement gravit-on les collines, partout la forêt marche avec vous, et cette même forêt s'étend devant vos pas jusqu'au pôle Arctique et à l'océan Pacifique ; vous pouvez parcourir des milliers de lieues sous son ombrage et vous marchez toujours sans paraître changer de place.

Mais il est temps de revenir à la route de Saginaw. Nous marchions déjà depuis cinq heures dans la plus parfaite ignorance des lieux où nous nous trouvions, lorsque nos Indiens s'arrêtèrent et l'aîné qui s'appelait Sagan-Buisco fit une ligne sur le sable. Il montra l'un des bouts en s'écriant : « Miché-Couté-Ouinque » – c'est le nom indien de Flint River – et l'extrémité opposée en prononçant le nom de Saginaw et, faisant un point au milieu de la ligne, il nous indiqua que nous étions parvenus à la moitié du chemin et qu'il fallait se reposer quelques instants. Le soleil était déjà haut sur l'horizon et nous eussions accepté avec plaisir l'invitation qui nous était faite, si nous avions aperçu de l'eau à notre portée. Mais n'en voyant pas aux environs, nous fîmes signe à l'Indien que nous voulions manger et boire en même temps. Il nous comprit aussitôt et se remit en marche avec la même rapidité qu'auparavant. À une heure de là, il s'arrêta de nouveau et nous montra à trente pas dans le bois un endroit où il fit signe qu'il y avait de l'eau, sans attendre notre réponse et sans nous aider à desseller nos chevaux, il s'y rendit lui-même. Nous nous hâtâmes de le suivre. Le vent avait renversé depuis peu un grand arbre en cet endroit. Dans le trou qu'avaient occupé ses racines se trouvait un peu d'eau de pluie. C'était là la fontaine à laquelle nous conduisit notre guide sans avoir l'air de penser qu'on pût hésiter à user d'un pareil breuvage. Nous ouvrîmes notre sac ; autre infortune ! La chaleur avait absolument gâté nos provisions et nous nous vîmes réduits pour tout dîner à un très petit morceau de pain, le seul que nous eussions pu trouver à Flint River. Qu'on ajoute à cela une nuée de moustiques qu'attirait le voisinage de l'eau et qu'il fallait combattre d'une main en portant de l'autre le morceau à la bouche et on aura l'idée d'un dîner champêtre dans une forêt vierge. Tant que nous mangeâmes, nos Indiens se tinrent assis les bras croisés sur le tronc abattu dont j'ai parlé. Quand ils virent que nous avions fini, ils nous firent signe qu'eux aussi avaient faim. Nous leur montrâmes notre sac vide. Ils secouèrent la tête sans mot dire. L'Indien ne sait point ce que c'est que des heures réglées pour ses repas. Il se gorge de nourriture quand il le peut, et jeûne ensuite jusqu'à ce qu'il trouve de nouveau de quoi satisfaire son appétit. Les loups agissent de même en pareille circonstance. Bientôt nous pensâmes à remonter à cheval, mais nous nous aperçûmes avec une grande frayeur que nos montures avaient disparu. Piquées par les moustiques et aiguillonnées par la faim, elles s'étaient éloignées du sentier où nous les avions laissées et ce n'est qu'avec peine que nous pûmes nous remettre sur leurs traces. Si nous étions restés inattentifs un quart d'heure de plus nous nous serions réveillés comme Sancho avec la selle entre les jambes. Nous bénîmes de grand cœur les moustiques qui nous avaient fait si vite songer au départ et nous nous remîmes en chemin. Le sentier que nous suivions ne tarda pas à devenir de plus en plus difficile à reconnaître. À chaque instant, nos chevaux avaient à forcer le passage à travers des buissons épais ou à sauter par-dessus des troncs d'arbres immenses qui nous barraient le chemin. Au bout de deux heures d'une route extrêmement pénible, nous arrivâmes enfin sur le bord d'une rivière peu profonde mais fort encaissée. Nous la traversâmes à gué et parvenus sur le haut de la berge opposée, nous vîmes un champ de maïs et deux cabanes assez semblables à des *log houses*. Nous reconnûmes en approchant que nous étions dans un petit établissement indien. Les prétendues *log houses* étaient des wigwams. Du reste, la plus profonde solitude régnait là comme dans la forêt environnante. Parvenu devant la première de ces demeures abandonnées, Sagan-Ruisco s'arrêta ; il examina attentivement tous les objets à l'entour, puis déposant sa carabine et s'approchant de nous, il traça d'abord une ligne sur le sable, nous indiquant de la même manière qu'auparavant que nous n'avions encore fait que les deux tiers du chemin ; puis, se relevant il nous montra le soleil et nous fit signe qu'il descendait rapidement vers son couchant. Il regarda ensuite le wigwam et ferma les yeux. Ce langage était fort intelligible : il voulait nous faire coucher en cet endroit. J'avoue que la proposition nous surprit fort et ne nous plut guère. Nous n'avions pas mangé depuis le matin et nous ne nous souciions que médiocrement de nous coucher sans souper. La majesté sombre et sauvage des scènes dont nous étions témoins depuis le matin, l'isolement complet où nous nous trouvions, la contenance farouche de nos conducteurs avec lesquels il était impossible d'entrer en rapport, rien de tout cela d'ailleurs n'était de nature à faire naître en nous la confiance. De plus, il y avait dans la conduite des Indiens quelque chose de singulier qui ne nous rassurait point. La route que nous venions de suivre depuis deux heures semblait encore moins fréquentée que celle que nous avions parcourue auparavant. Personne ne nous avait jamais dit que nous dussions traverser un village indien et chacun nous avait assuré au contraire qu'on pouvait aller en un seul jour de Flint River à Saginaw. Nous ne pouvions donc concevoir pourquoi nos guides voulaient nous retenir la nuit dans ce désert. Nous insistâmes pour marcher. L'Indien fit signe que nous serions surpris par l'obscurité dans les bois. Forcer nos guides à continuer leur route eut été une tentative dangereuse. Nous nous décidâmes à tenter leur cupidité. Mais l'Indien est le plus philosophe de tous les hommes. Il a peu de besoins et partant peu de désirs. La civilisation n'a point de prise sur lui, il ignore ou il méprise ses douceurs. Je m'étais cependant aperçu que Sagan-Ruisco avait fait une attention particulière à une petite bouteille d'osier qui pendait à mon côté. Une bouteille qui ne se casse pas. Voilà une chose dont l'utilité lui était tombée sous les sens et qui avait excité chez lui une admiration réelle. Mon fusil et ma bouteille étaient les seules parties de mon attirail européen qui eussent paru exciter son envie. Je lui fis signe que je lui donnerais ma bouteille s'il nous conduisait sur-le-champ à Saginaw. L'Indien parut alors violemment combattu. Il regarda encore le soleil puis la terre. Enfin prenant son parti, il saisit sa carabine, poussa deux fois en mettant la main sur sa bouche le cri de : « Ouh ! ouh ! » et s'élança devant nous dans les broussailles. Nous le suivîmes au grand trot et nous ouvrant de force un chemin nous eûmes bientôt perdu de vue les demeures indiennes. Nos guides coururent ainsi pendant deux heures avec plus de rapidité qu'ils n'avaient encore fait ; cependant la nuit nous gagnait et les derniers rayons du soleil venaient de disparaître dans les arbres de la forêt lorsque Sagan-Buisco fut surpris d'un violent saignement de nez. Quelque habitué que ce jeune homme parût être ainsi que son frère aux exercices du corps, il était évident que la fatigue et le manque de nourriture commençaient à épuiser ses forces. Nous commencions nous-mêmes à craindre qu'ils ne renonçassent à l'entreprise et ne voulussent coucher au pied d'un arbre. Nous prîmes donc le parti de les faire monter alternativement sur nos chevaux. Les Indiens acceptèrent notre offre sans étonnement ni humilité. C'était une chose bizarre à voir, que ces hommes à moitié nus établis gravement sur une selle anglaise et portant nos carnassières et nos fusils en bandoulière tandis que nous cheminions péniblement à pied devant eux. La nuit vint enfin, une humidité glaciale commença à se répandre sous le feuillage. L'obscurité donnait alors à la forêt un aspect nouveau et terrible. L'œil n'apercevait plus autour de lui que des masses confusément amoncelées, sans ordre ni symétrie, des formes bizarres et disproportionnées, des scènes incohérentes, des images fantastiques qui semblaient empruntées à l'imagination malade d'un fiévreux. (Le gigantesque et le ridicule se tenaient là d'aussi près que dans la littérature de notre âge.) Jamais nos pas n'avaient réveillé plus d'échos; jamais le silence de la forêt ne nous avait paru si formidable. On eut dit que le bourdonnement des moustiques était la seule respiration de ce monde endormi. À mesure que nous avancions, les ténèbres devenaient plus profondes, seulement de temps en temps une mouche à feu traversant le bois traçait comme un fil lumineux dans ses profondeurs. Nous reconnaissions trop tard la justesse des conseils de l'Indien, mais il ne s'agissait plus de reculer. Nous continuâmes donc à marcher aussi rapidement que nos forces et la nuit purent nous le permettre. Au bout d'une heure nous sortîmes du bois et nous nous trouvâmes dans une vaste prairie. Nos guides poussèrent trois fois un cri sauvage qui retentit comme les notes discordantes du tam-tam. On y répondit dans le lointain. Cinq minutes après nous étions sur le bord d'une rivière dont l'obscurité nous empêchait d'apercevoir la rive opposée. Les Indiens firent halte en cet endroit; ils s'entourèrent de leurs couvertures pour éviter la piqûre des moustiques et, se couchant dans l'herbe, ils ne formèrent bientôt plus qu'une boule de laine à peine perceptible et dans laquelle il eut été impossible de reconnaître la forme d'un homme. Nous mîmes nous-mêmes pied à terre et attendîmes patiemment ce qui allait suivre. Au bout de quelques minutes un léger bruit se fit entendre et quelque chose s'approcha du rivage. C'était un canot indien long de dix pieds environ, curieux de couleur et formé d'un seul arbre. L'homme qui était accroupi au fond de cette fragile embarcation portait le costume et avait toute l'apparence d'un Indien. Il adressa la parole à nos guides qui à son commandement se hâtèrent d'enlever les selles de nos chevaux et de les disposer dans la pirogue. Comme je me préparais moi-même à y monter, le prétendu Indien s'avança vers moi, me plaça deux doigts sur l'épaule et me dit avec un accent normand qui me fit tressaillir : « N'allez pas trop vitement, y en a des fois ici qui s'y noient. » Mon cheval m'aurait adressé la parole que je n'aurais pas, je crois, été plus surpris. J'envisageai celui qui m'avait parlé et dont la figure frappée des premiers rayons de la lune reluisait alors comme une boule de cuivre : « Qui êtes-vous donc, lui dis-je, le français semble être votre langue et vous avez l'air d'un Indien ? » Il me répondit qu'il était *Bois-Brûlé*, c'est-à-dire fils d'un Canadien et d'une Indienne. J'aurai souvent occasion de parler de cette singulière race de métis qui couvre toutes les frontières du Canada et une partie de celles des États-Unis. Pour le moment je ne songeai qu'au plaisir de parler ma langue maternelle. Suivant les conseils de notre compatriote le sauvage, je m'assis au fond du canot et me tins aussi en équilibre qu'il m'était possible. Le cheval entra dans la rivière et se mit à la nage tandis que le Canadien poussait la nacelle de l'aviron, tout en chantant à demi-voix sur un vieil air français le couplet dont je ne saisis que les deux premiers vers :

« Entre Paris et Saint-Denis
Il était une fille. »

Nous arrivâmes ainsi sans accident sur l'autre bord. Le canot retourna aussitôt chercher mon compagnon. Je me rappellerai toute ma vie le moment où pour la seconde fois il s'approcha du rivage. La lune, qui était dans son plein, se levait précisément alors au-dessus de la prairie que nous venions de traverser. La moitié de son disque apparaissait seule sur l'horizon; on eût dit une porte mystérieuse à travers laquelle s'échappait vers nous la lumière d'une autre sphère. Le rayon qui en sortait venait se refléter dans les eaux du fleuve et arrivait en scintillant jusqu'à moi. Sur la ligne même où vacillait cette pâle lumière s'avançait la pirogue indienne, on n'apercevait point de rames, on n'entendait pas le bruit des avirons, elle glissait rapidement et sans effort, longue, étroite et noire, semblable à un alligator du Mississippi qui s'allonge vers la rive pour y saisir sa proie. Accroupi sur la pointe du canot, Sagan-Ruisco, la tête appuyée contre ses genoux, ne laissait voir que les tresses luisantes de sa chevelure. À l'autre extrémité le Canadien ramait en silence, tandis que derrière lui le cheval faisait rejaillir l'eau de la Saginaw sous l'effort de sa puissante poitrine. Il y avait dans l'ensemble de ce spectacle une grandeur sauvage qui fit alors et qui a laissé depuis une impression profonde dans notre âme. Remis sur le rivage nous nous hâtâmes de nous rendre à une maison que la lune venait de nous découvrir à cent pas du fleuve et où le Canadien nous assura que nous pouvions trouver un gîte. Nous parvînmes en effet à nous y établir assez convenablement et nous y aurions probablement réparé nos forces par un profond sommeil, si nous avions pu nous débarrasser des myriades de moustiques dont la maison était remplie. Mais c'est à quoi nous ne pûmes jamais parvenir. L'animal qu'on appelle *mosquito* en anglais, et *maringouin* en français canadien est un petit insecte semblable en tout au *cousin* de France dont il diffère seulement par la grosseur. Il est généralement plus grand et sa trompe est si forte et si acérée que les étoffes de laine peuvent seules vous garantir de ses piqûres. Ce petit moucheron est le fléau des solitudes de l'Amérique. Sa présence suffirait pour y rendre un long séjour insupportable. Quant à moi, je déclare n'avoir jamais éprouvé un tourment semblable à celui qu'il m'a fait souffrir pendant tout le cours de ce voyage et particulièrement durant notre séjour à Saginaw. Le jour ils nous empêchaient de dessiner, d'écrire, de rester un seul moment en place, la nuit ils circulaient par milliers autour de nous ; chaque endroit du corps que vous laissiez découvert leur servait à l'instant de rendez-vous. Réveillés par la douleur que causait la piqûre nous nous couvrions la tête de nos draps, leur aiguillon passait à travers ; chassés, poursuivis ainsi par eux nous nous levions et nous allions respirer l'air du dehors jusqu'à ce que la fatigue nous procurât enfin un sommeil pénible et interrompu.

Nous sortîmes de très bonne heure et le premier spectacle qui nous frappa en quittant la maison, ce fut la vue de nos deux Indiens qui, roulés dans leurs couvertures près de la porte, dormaient à côté de leurs chiens.

Nous apercevions alors pour la première fois au grand jour le village de Saginaw que nous étions venus chercher de si loin.

Une petite plaine cultivée bordée au sud par une belle et tranquille rivière, à l'est, à l'ouest et au nord par la forêt compose, quant à présent, tout le territoire de la cité naissante.

Près de nous s'élevait une maison dont la structure annonçait l'aisance du propriétaire. C'était celle où nous venions de passer la nuit. Une demeure de même espèce s'apercevait à l'autre extrémité du défrichement. Dans l'intervalle et le long de la lisière du bois deux ou trois *log houses* se perdaient à moitié dans le feuillage. Sur la rive opposée du fleuve, s'étendait la prairie comme un océan sans bornes dans un jour de calme. Une colonne de fumée s'en échappait alors et montait paisiblement vers le ciel. En suivant sa direction jusqu'à terre, on découvrait enfin deux ou trois wigwams dont la forme conique et le sommet aigu se confondaient avec les herbes de la prairie.

Une charrue renversée, des bœufs regagnant d'eux-mêmes le labour, quelques chevaux à moitié sauvages complétaient le tableau.

De quelque côté que s'étendit la vue, l'œil cherchait en vain la flèche d'un clocher gothique, la croix de bois qui marque le chemin ou le seuil couvert de mousse du presbytère. Ces vénérables restes de l'antique civilisation chrétienne n'ont point été transportés dans le désert ; rien n'y réveille encore l'idée du passé ni de l'avenir. On ne rencontre même pas d'asiles consacrés à ceux qui ne sont plus. La mort elle-même n'a pas eu le temps de réclamer son domaine ni de faire borner ses champs.

Ici l'homme semble encore s'introduire furtivement dans la vie. Plusieurs générations ne se réunissent point autour de son berceau pour exprimer des espérances souvent trompeuses, et se livrer à des joies prématurées que dément l'avenir. Son nom n'est point inscrit sur les registres de la cité. La religion ne vient point mêler ses touchantes solennités aux sollicitudes de la famille. Les prières d'une femme, quelques gouttes d'eau versées sur la tête de l'enfant par la main de son père, lui ouvrent sans bruit les portes du ciel.

Le village de Saginaw est le dernier point habité par les Européens au nord-ouest de la vaste presqu'île du Michigan. On peut le considérer comme un poste avancé, une sorte de guérite que les Blancs sont venus placer au milieu des nations indiennes.

Les révolutions de l'Europe, les clameurs tumultueuses qui s'élèvent sans cesse de l'univers policé, n'arrivent ici que de loin en loin, et comme le retentissement d'un son dont l'oreille ne peut plus percevoir la nature ni l'origine.

Tantôt ce sera un Indien qui en passant racontera avec la poésie du désert quelques-unes des tristes réalités de la vie sociale; un journal oublié dans le havresac d'un chasseur, ou seulement cette rumeur vague qui se propage par des voix inconnues et ne manque presque jamais d'avertir les hommes qu'il se passe quelque chose d'extraordinaire sous le soleil.

Une fois par an, un vaisseau remontant le cours de la Saginaw vient renouer cet anneau détaché à la grande chaîne européenne qui déjà enveloppe le monde de ses replis. Il apporte au nouvel établissement les produits divers de l'industrie et enlève en retour les fruits du sol.

Trente personnes, hommes, femmes, vieillards et enfants composaient seuls, lors de notre passage, cette petite société, embryon à peine formé, germe naissant confié au désert et que le désert doit féconder.

Le hasard, l'intérêt ou les passions avaient réuni dans cet espace étroit ces trente personnes. Du reste il n'existait point entre elles de lien commun et elles différaient profondément les unes des autres. On remarquait parmi elles des Canadiens, des Américains, des Indiens et des métis.

Des philosophes ont cru que la nature humaine partout la même ne variait que suivant les institutions et les lois des différentes sociétés. C'est là une de ces opinions que semble démentir à chaque page l'histoire du monde. Les nations comme les individus s'y montrent toutes avec une physionomie qui leur est propre. Les traits caractéristiques de leur visage se reproduisent à travers toutes les transformations qu'elles subissent. Les lois, les mœurs, les religions changent, l'empire et la richesse se déplacent ; l'aspect extérieur varie, l'habillement diffère, les préjugés s'effacent ou se substituent les uns aux autres. Parmi ces changements divers vous reconnaissez toujours le même peuple. Quelque chose d'inflexible apparaît au milieu de la flexibilité humaine.

Les hommes qui habitent cette petite plaine cultivée appartiennent à deux races qui depuis près d'un siècle existent sur le sol américain et y obéissent aux mêmes lois. Ils n'ont pourtant rien de commun entre eux. Ce sont encore des Anglais et des Français, tels qu'ils se montrent aux bords de la Seine et de la Tamise.

Pénétrez sous cette cabane de feuillage, vous y rencontrerez un homme dont l'accueil cordial, dont la figure ouverte et les lèvres entrouvertes vous annonceront dès l'abord le goût des plaisirs sociaux, et l'insouciance de la vie. Dans le premier moment vous le prendrez peut-être pour un Indien ; soumis à la vie sauvage, il en a adopté volontairement les habits, les usages et presque les mœurs. Il porte les mocassins, le bonnet de loutre et le manteau de laine. Il est infatigable chasseur, couche à l'affût, vit de miel sauvage et de chair de bison. Cet homme n'en est pas moins pourtant encore un Français, gai, entreprenant, glorieux, fier de son origine, amant passionné de la gloire militaire, plus vaniteux qu'intéressé, homme d'instinct, obéissant à son premier mouvement mieux qu'à sa raison, préférant le bruit à l'argent. Pour venir au désert il semble avoir brisé tous les liens qui l'attachaient à la vie ; on ne lui voit ni femme ni enfants. Cet état est contraire à ses mœurs, mais il s'y soumet facilement comme à toute chose. Livré à lui-même, il se sentirait naturellement l'humeur casanière, nul plus que lui n'a le goût du foyer domestique ; nul n'aime mieux à réjouir sa vue par l'aspect du clocher paternel ; mais on l'a arraché malgré lui à ses habitudes tranquilles, on a frappé son imagination par des tableaux nouveaux, on l'a transplanté sous un autre ciel, ce même homme s'est senti tout à coup possédé d'un besoin insatiable d'émotions violentes, de vicissitudes et de dangers. L'Européen le plus civilisé est devenu l'adorateur de la vie sauvage. Il préféra les savanes aux rues des villes, la chasse à l'agriculture. Il se jouera de l'existence et vivra sans nul souci de l'avenir.

« Les Blancs de France, disaient les Indiens du Canada, sont aussi bons chasseurs que nous. Comme nous, ils méprisent les commodités de la vie et bravent les terreurs de la mort. Dieu les avait créés pour habiter la cabane du sauvage et vivre dans le désert. »

À quelques pas de cet homme habite un autre Européen qui, soumis aux mêmes difficultés, s'est roidi contre elles.

Celui-ci est froid, tenace, impitoyable argumentateur; il s'attache à la terre, et arrache à la vie sauvage tout ce qu'il peut lui ôter. Il lutte sans cesse contre elle; il la dépouille chaque jour de quelques-uns de ses attributs. Il transporte, pièce à pièce, dans le désert ses lois, ses habitudes, ses usages et, s'il le peut, jusqu'aux moindres recherches de sa civilisation avancée. L'émigrant des États-Unis n'estime de la victoire que ses résultats; il tient que la gloire est un vain bruit et que l'homme ne vient au monde que pour y acquérir l'aisance et les commodités de la vie. Brave pourtant, mais brave par calcul, brave parce qu'il a découvert qu'il y avait plusieurs choses plus difficiles à supporter que la mort. Aventurier entouré de sa famille et qui cependant prise peu les plaisirs intellectuels et les charmes de la vie sociale.

Placé de l'autre côté du fleuve, au milieu des roseaux de la Saginaw, l'Indien jette de temps en temps un regard stoïque sur les habitations de ses frères d'Europe. N'allez pas croire qu'il admire leurs travaux, ou envie leur sort. Depuis bientôt trois cents ans que le sauvage de l'Amérique se débat contre la civilisation qui le pousse et l'environne, il n'a point encore appris à connaître et à estimer son ennemie. Les générations se succèdent en vain chez les deux races. Comme deux fleuves parallèles, elles coulent depuis trois cents ans vers un abîme commun ; un espace étroit les sépare, mais elles ne mêlent point leurs flots. Ce n'est pas toutefois que l'aptitude naturelle manque à l'indigène du Nouveau Monde mais sa nature semble repousser obstinément nos idées et nos arts. Couché sur son manteau au milieu de la fumée de sa hutte, l'Indien regarde avec mépris la demeure commode de l'Européen ; pour lui, il se complaît avec orgueil dans sa misère, et son cœur se gonfle et s'élève aux images de son indépendance barbare. Il sourit amèrement en nous voyant tourmenter notre vie pour acquérir des richesses inutiles. Ce que nous appelons industrie, il l'appelle sujétion honteuse. Il compare le laboureur au bœuf qui trace péniblement son sillon. Ce que nous nommons les commodités de la vie, il les nomme des jouets d'enfants ou des recherches de femmes. Il ne nous envie que nos armes. Quand l'homme peut abriter la nuit sa tête sous une tente de feuillage, quand il trouve à allumer du feu pour chasser les moustiques en été et se garantir du froid en hiver, lorsque ses chiens sont bons et la contrée giboyeuse, que saurait-il demander de plus à l'Être éternel ?

À l'autre bord de la Saginaw, près des défrichements européens et pour ainsi dire sur les confins de l'Ancien et du Nouveau Monde s'élève une cabane rustique plus commode que le wigwam du sauvage, plus grossière que la maison de l'homme policé. C'est la demeure du métis. Lorsque nous nous présentâmes pour la première fois à la porte de cette hutte à demi civilisée, nous fûmes tout surpris d'entendre dans l'intérieur une voix douce qui psalmodiait sur un air indien les cantiques de la pénitence. Nous nous arrêtâmes un moment. Les modulations des sons étaient lentes et profondément mélancoliques ; on reconnaissait aisément cette harmonie plaintive qui caractérise tous les chants de l'homme dans le désert. Nous entrâmes. Le maître était absent. Assise au milieu de l'appartement, les jambes croisées sur une natte, une jeune femme travaillait à faire des mocassins, du pied elle berçait un enfant dont le teint cuivré et les traits annonçaient la double origine. Cette femme était mise comme une de nos paysannes, sinon que ses pieds étaient nus et que ses cheveux tombaient librement sur ses épaules. En nous apercevant elle se tut avec une sorte de crainte respectueuse. Nous lui demandâmes si elle était française. « Non, répondit-elle en souriant – Anglaise ? – Non plus », dit-elle ; elle baissa les yeux et ajouta : « Je ne suis qu'une sauvage. » Enfant de deux races, élevé dans l'usage de deux langues, nourri dans des croyances diverses et bercé dans des préjugés contraires, le métis forme un composé aussi inexplicable aux autres qu'à lui-même. Les images du monde lorsqu'elles viennent se réfléchir sur son cerveau grossier, ne lui apparaissent que comme un chaos inextricable dont son esprit ne saurait sortir. Fier de son origine européenne, il méprise le désert ; et pourtant il aime la liberté sauvage qui y règne. Il admire la civilisation et ne peut complètement se soumettre à son empire. Ses goûts sont en contradiction avec ses idées, ses opinions avec ses mœurs. Ne sachant comment se guider au jour douteux qui l'éclaire, son âme se débat péniblement dans les langes d'un doute universel, il adopte des usages opposés ; il prie à deux autels ; il croit au Rédempteur du monde et aux amulettes du jongleur ; et il arrive au bout de sa carrière sans avoir pu débrouiller le problème obscur de son existence.

Ainsi donc dans ce coin de terre ignoré du monde la main de Dieu avait déjà jeté les semences de nations diverses ; déjà plusieurs races différentes, plusieurs peuples distincts se trouvent ici en présence.

Quelques membres exilés de la grande famille humaine se sont rencontrés dans l'immensité des bois. Leurs besoins sont communs ; ils ont à lutter ensemble contre les bêtes de la forêt, la faim, l'inclémence des saisons. Ils sont trente à peine au milieu d'un désert où tout se refuse à leurs efforts et ils ne jettent les uns sur les autres que des regards de haine et de soupçon. La couleur de la peau, la pauvreté ou l'aisance, l'ignorance ou les lumières ont déjà établi parmi eux des classifications indestructibles ; des préjugés nationaux, des préjugés d'éducation et de naissance les divisent et les isolent.

Où trouver dans un cadre plus étroit un plus complet tableau des misères de notre nature ? Il y manque cependant encore un trait.

Les lignes profondes que la naissance et l'opinion ont tracées entre la destinée de ces hommes ne cessent point avec la vie, mais s'étendent au-delà du tombeau. Six religions ou sectes diverses se partagent la foi de cette société naissante.

Le catholicisme avec son immobilité formidable, ses dogmes absolus, ses terribles anathèmes et ses immenses récompenses, l'anarchie religieuse de la Réforme, l'antique paganisme trouvent ici leurs représentants. On y adore déjà en six manières différentes l'Être unique et éternel qui a créé tous les hommes à son image. On s'y dispute avec ardeur le ciel que chacun prétend exclusivement son héritage. Bien plus, au milieu des misères de la solitude et des maux du présent, l'imagination humaine s'y épuise encore à enfanter pour l'avenir d'inexprimables douleurs. Le luthérien condamne au feu éternel le calviniste, le calviniste l'unitaire, et le catholique les enveloppe tous dans une réprobation commune.

Plus tolérant dans sa foi grossière, l'Indien se borne à exiler son frère d'Europe des campagnes heureuses qu'il se réserve. Pour lui, fidèle aux traditions confuses que lui ont léguées ses pères, il se console aisément des maux de la vie et meurt tranquille en rêvant aux forêts toujours vertes, que n'ébranlera jamais la hache du pionnier, et où le daim et le castor viendront s'offrir à ses coups durant les jours sans nombre de l'éternité.

Après déjeuner nous allâmes voir le plus riche propriétaire du village, M. Williams. Nous le trouvâmes dans sa boutique occupé à vendre à des Indiens une multitude d'objets de peu de valeur tels que couteaux, colliers de verre, pendants d'oreilles. C'était pitié de voir comme ces malheureux étaient traités par leurs frères civilisés d'Europe. Du reste tous ceux que nous vîmes là rendaient une justice éclatante aux sauvages. Ils étaient bons, inoffensifs, mille fois moins enclins au vol que le Blanc. C'était dommage seulement qu'ils commençassent à s'éclairer sur le prix des choses. Et pourquoi cela, s'il vous plaît ? Parce que les bénéfices dans le commerce qu'on faisait avec eux devenaient tous les jours moins considérables. Apercevez-vous ici la supériorité de l'homme civilisé ? L'Indien aurait dit dans sa simplicité grossière qu'il trouvait tous les jours plus de difficultés à tromper son voisin. Mais le Blanc découvre dans le perfectionnement du langage une nuance heureuse qui exprime la chose et sauve la honte.

En revenant de chez M. Williams nous eûmes l'idée de remonter la Saginaw à quelque distance pour aller tirer les canards sauvages qui peuplent ses rives. Comme nous étions occupés à cette chasse, une pirogue se détacha d'entre les roseaux du fleuve et des Indiens vinrent à notre rencontre pour considérer mon fusil qu'ils avaient aperçu de loin. J'ai toujours remarqué que cette arme, qui n'a cependant rien d'extraordinaire, m'attirait parmi les sauvages une considération toute spéciale. Un fusil qui peut tuer deux hommes en une seconde et part dans le brouillard, c'était suivant eux une merveille au-dessus de toute évaluation ; un chef-d'œuvre sans prix. Ceux qui nous abordèrent témoignèrent suivant l'habitude une grande admiration. Ils demandèrent d'où venait mon fusil. Notre jeune guide répondit qu'il avait été fait de l'autre côté de la Grande Eau, chez les pères des Canadiens ; ce qui ne le rendit pas, comme on peut croire, moins précieux à leurs yeux. Ils firent observer cependant que comme le point visuel n'était pas placé au milieu de chaque canon, on ne devait pas être aussi sûr de son coup, remarque à laquelle j'avoue que je ne sus trop que répondre.

Le soir étant venu, nous remontâmes dans le canot et, nous fiant à l'expérience que nous avions acquise le matin, nous partîmes seuls pour remonter un bras de la Saginaw que nous n'avions fait qu'entrevoir.

Le ciel était sans nuages, l'atmosphère pure et immobile. Le fleuve roulait ses eaux à travers une immense forêt, mais si lentement qu'il eût été presque impossible de dire de quel côté allait le courant. Nous avons toujours éprouvé que, pour se faire une idée des forêts du Nouveau Monde, il fallait suivre quelques-unes des rivières qui circulent sous leurs ombrages. Les fleuves sont comme de grandes voies par lesquelles la Providence a pris soin, dès le commencement du monde, de percer le désert pour le rendre accessible à l'homme. Lorsqu'on se fraye un passage à travers le bois, la vue est le plus souvent fort bornée. D'ailleurs le sentier même où vous marchez est une œuvre humaine. Les fleuves au contraire sont des chemins qui ne gardent point de traces, et leurs rives laissent voir librement tout ce qu'une végétation vigoureuse et abandonnée à elle-même peut offrir de grands et de curieux spectacles.

Le désert était là tel qu'il s'offrit sans doute il y a six mille ans aux regards de nos premiers pères ; une solitude fleurie, délicieuse, embaumée ; magnifique demeure, palais vivant, bâti pour l'homme, mais où le maître n'avait pas encore pénétré. Le canot glissait sans efforts et sans bruit ; il régnait autour de nous une sérénité, une quiétude universelles. Nous-mêmes, nous ne tardâmes pas à nous sentir comme amollis à la vue d'un pareil spectacle. Nos paroles commencèrent à devenir de plus en plus rares, bientôt nous n'exprimâmes nos pensées qu'à voix basse. Nous nous tûmes enfin, et relevant simultanément les avirons, nous tombâmes l'un et l'autre dans une tranquille rêverie pleine d'inexprimables charmes.

D'où vient que les langues humaines qui trouvent des mots pour toutes les douleurs, rencontrent un invincible obstacle à faire comprendre les plus douces et les plus naturelles émotions du cœur ? Qui peindra jamais avec fidélité ces moments si rares dans la vie où le bien-être physique vous prépare à la tranquillité morale et où il s'établit devant vos yeux comme un équilibre parfait dans l'univers ; alors que l'âme, à moitié endormie, se balance entre le présent et l'avenir, entre le réel et le possible, quand, entouré d'une belle nature, respirant un air tranquille et tiède, en paix avec lui-même au milieu d'une paix universelle, l'homme prête l'oreille aux battements égaux de ses artères dont chaque pulsation marque le passage du temps qui pour lui semble ainsi s'écouler goutte à goutte dans l'éternité. Beaucoup d'hommes peut-être ont vu s'accumuler les années d'une longue existence sans éprouver une seule fois rien de semblable à ce que nous venons de décrire. Ceux-là ne sauraient nous comprendre. Mais il en est plusieurs, nous en sommes assurés, qui trouveront dans leur mémoire et au fond de leur cœur de quoi colorer nos images et sentiront se réveiller en nous lisant le souvenir de quelques heures fugitives que le temps ni les soins positifs de la vie n'ont pu effacer.

Nous fûmes tirés de notre rêverie par un coup de fusil qui retentit tout à coup dans les bois. Le bruit sembla d'abord rouler avec fracas sur les deux rives du fleuve; puis il s'éloigna en grondant jusqu'à ce qu'il fût entièrement perdu dans la profondeur des forêts environnantes. On eût dit un long et formidable cri de guerre que poussait la civilisation dans sa marche.

Un soir en Sicile, il nous arriva de nous perdre dans un vaste marais qui occupe maintenant la place où jadis était bâtie la ville d'Hymère[1]; l'impression que fit naître en nous la vue de cette fameuse cité devenue un désert sauvage fut grande et profonde. Jamais nous n'avions rencontré sur nos pas un plus magnifique témoignage de l'instabilité des choses humaines et des misères de notre nature. Ici c'était bien encore une solitude, mais l'imagination, au lieu d'aller en arrière et de chercher à remonter vers le passé, s'élançait au contraire en avant et se perdait dans un immense avenir. Nous nous demandions par quelle singulière per-

---

1. Allusion au voyage effectué par Tocqueville avec son frère Édouard, en décembre 1826. Hymère (ou Himère), sur la côte nord de la Sicile, fondée au VIIe siècle avant J.-C., fut détruite par les Carthaginois en 409 avant J.-C.

mission de la destinée, nous qui avions pu voir les ruines d'empires qui n'existent plus et marcher dans des déserts de fabrique humaine, nous, enfants d'un vieux peuple, nous étions conduits à assister à l'une des scènes du monde primitif et à voir le berceau encore vide d'une grande nation. Ce ne sont point là les prévisions plus ou moins hasardées de la sagesse. Ce sont des faits aussi certains que s'ils étaient accomplis. Dans peu d'années ces forêts impénétrables seront tombées. Le bruit de la civilisation et de l'industrie rompra le silence de la Saginaw. Son écho se taira… Des quais emprisonneront ses rives, ses eaux qui coulent aujourd'hui ignorées et tranquilles au milieu d'un désert sans nom seront refoulées dans leur cours par la proue des vaisseaux. Cinquante lieues séparent encore cette solitude des grands établissements européens et nous sommes peut-être les derniers voyageurs auxquels il ait été donné de la contempler dans sa primitive splendeur, tant est grande l'impulsion qui entraîne la race blanche vers la conquête entière d'un nouveau monde.

C'est cette idée de destruction, cette arrière-pensée d'un changement prochain et inévitable qui donne suivant nous aux solitudes de l'Amérique un caractère si original et une si touchante beauté. On les voit avec un plaisir mélancolique, on se hâte en quelque sorte de les admirer. L'idée de cette grandeur naturelle et sauvage qui va finir se mêle aux superbes images que la marche triomphante de la civilisation fait naître. On se sent fier d'être homme et l'on éprouve en même temps je ne sais quel amer regret du pouvoir que Dieu nous a accordé sur la nature. L'âme est agitée par des idées, des sentiments contraires, mais toutes les impressions qu'elle reçoit sont grandes et laissent une trace profonde.

Nous voulions quitter Saginaw le lendemain 27 juillet; mais un de nos chevaux ayant été blessé par sa selle, nous nous décidâmes à rester un jour de plus. Faute d'autre manière de passer le temps nous fûmes chasser dans les prairies qui bordent la Saginaw au-dessous des défrichements. Ces prairies ne sont point marécageuses comme on pourrait le croire. Ce sont des plaines plus ou moins larges où le bois ne vient point quoique la terre soit excellente. L'herbe y est dure et haute de trois à quatre pieds. Nous ne trouvâmes que peu de gibier et revînmes de bonne heure. La chaleur était étouffante comme à l'approche d'un orage et les moustiques plus gênants encore que de coutume. Nous ne marchions qu'environnés par une nuée de ces insectes auxquels il fallait faire une guerre perpétuelle. Malheur à celui qui était obligé de s'arrêter. Il se livrait alors sans défense à un ennemi impitoyable. Je me rappelle avoir été contraint de charger mon fusil en courant tant il était difficile de tenir un instant en place.

Comme nous traversions à notre retour la prairie, nous remarquâmes que le Canadien qui nous servait de guide suivait un petit sentier tracé et regardait avec le plus grand soin la terre avant d'y poser le pied. « Pourquoi donc prenez-vous donc tant de précautions, lui dis-je ; avez-vous peur de vous mouiller ? – Non, répondit-il. Mais j'ai pris l'habitude quand je traverse les prairies de regarder toujours où je mets le pied afin de ne pas marcher sur un serpent à sonnettes. – Comment diable, repris-je, en sautant dans le sentier, est-ce qu'il y a ici des serpents à sonnettes ? – Oh ! vraiment oui, répliqua mon Normand d'Amérique avec un imperturbable sang-froid, y en a tout plein. » Je lui reprochai alors de ne nous avoir pas avertis plus tôt. Il prétendit que comme nous portions de bonnes chaussures et que le serpent à sonnettes ne mordait jamais au-dessus de la cheville du pied, il n'avait pas cru que nous courussions grand danger.

Je lui demandai si la morsure du serpent à sonnettes était mortelle. Il répondit qu'on en mourait toujours en moins de vingt-quatre heures si on n'avait pas recours aux Indiens. Ceux-ci connaissent un remède qui, donné à temps, sauve, dit-on, le malade.

Quoi qu'il en soit, pendant tout le reste du chemin nous imitâmes notre guide et nous regardâmes comme lui à nos pieds.

La nuit qui succéda à ce jour brûlant fut une des plus pénibles que j'aie passées dans ma vie. Les moustiques étaient devenus si gênants que, bien qu'accablé de fatigue, il me fut impossible de fermer l'œil. Vers minuit l'orage qui menaçait depuis longtemps éclata enfin. Ne pouvant plus espérer m'endormir je me levai et fus ouvrir la porte de notre cabane pour respirer au moins la fraîcheur de la nuit. Il ne pleuvait point encore, l'air paraissait calme ; mais la forêt s'ébranlait déjà et il en sortait de profonds gémissements et de longues clameurs. De temps en temps un éclair venait à illuminer le ciel. Le cours tranquille de la Saginaw, le petit défrichement qui borde ses rives, le toit de cinq ou six cabanes et la ceinture de feuillage qui nous enveloppait, apparaissaient alors un instant comme une évocation de l'avenir. Tout se perdait ensuite dans l'obscurité la plus profonde, et la voix formidable du désert recommençait à se faire entendre.

J'assistais avec émotion à ce grand spectacle, lorsque j'entendis soupirer à mes côtés, et à la lueur d'un éclair, j'aperçus un Indien appuyé comme moi sur le mur de notre demeure. L'orage venait sans doute d'interrompre son sommeil, car il promenait un œil fixe et troublé sur les objets qui l'environnaient.

Cet homme craignait-il la foudre ? Ou voyait-il dans le choc des éléments autre chose qu'une convulsion passagère de la nature ? Ces fugitives images de civilisation qui surgissaient d'elles-mêmes au milieu du tumulte du désert, avaient-elles pour lui un sens prophétique ? Ces gémissements de la forêt qui semblait se débattre dans une lutte inégale, arrivaient-ils à son oreille comme un secret avertissement de Dieu, une solennelle révélation du sort final réservé aux races sauvages ? Je ne saurais le dire. Mais ses lèvres agitées paraissaient murmurer quelques prières, et tous ses traits étaient empreints d'une terreur superstitieuse.

À cinq heures du matin, nous songeâmes au départ. Tous les Indiens des environs de Saginaw avaient disparu ; ils étaient partis pour aller recevoir les présents que leur font annuellement les Anglais, et les Européens se livraient aux travaux de la moisson. Il fallut donc nous résoudre à repasser la forêt sans guide. L'entreprise n'était pas aussi difficile qu'on pourrait le croire. Il n'y a en général qu'un sentier dans ces vastes solitudes et il ne s'agit que de n'en pas perdre la trace pour arriver au but du voyage.

À cinq heures du matin donc, nous repassâmes la Saginaw, nous reçûmes les adieux et les derniers conseils de nos hôtes et ayant tourné la tête de nos chevaux nous nous trouvâmes seuls au milieu de la forêt. Ce n'est pas, je l'avoue, sans une impression grave que nous commençâmes à pénétrer sous ses humides profondeurs. Cette même forêt qui nous environnait alors s'étendait derrière nous jusqu'au Pôle et à la mer Pacifique. Un seul point habité nous séparait du désert sans bornes et nous venions de le quitter. Ces pensées au reste ne nous portèrent qu'à presser le pas de nos chevaux et au bout de trois heures nous arrivâmes auprès d'un wigwam abandonné et sur les bords solitaires de la rivière Cass. Une pointe de gazon qui s'avance sur le fleuve à l'ombre de grands arbres nous servit de table et nous nous mîmes à déjeuner ayant en perspective la rivière dont les eaux limpides comme du cristal serpentaient à travers le bois.

Au sortir du *wigwam* de Cass-River nous rencontrâmes plusieurs sentiers. On nous avait indiqué celui qu'il fallait prendre ; mais il est facile d'oublier quelques points ou d'être mal compris dans de pareilles explications. C'est ce que nous ne manquâmes pas d'éprouver ce jour-là. On nous avait parlé de deux chemins, il s'en trouvait trois ; il est vrai que parmi ces trois chemins, il en était deux qui se réunissaient plus haut en un seul, comme nous le sûmes depuis, mais nous l'ignorions alors et notre embarras était grand.

Après avoir bien examiné, bien discuté, nous fîmes comme presque tous les grands hommes et agîmes à peu près au hasard. Nous passâmes le mieux que nous pûmes le fleuve à gué et nous nous enfonçâmes rapidement vers le sud-ouest. Plus d'une fois le sentier nous parut près de disparaître au milieu du taillis ; dans d'autres endroits le chemin nous paraissait si peu fréquenté que nous avions peine à croire qu'il conduisît autre part qu'à quelque wigwam abandonné. Notre boussole, il est vrai, nous montrait que nous marchions toujours dans notre direction. Toutefois nous ne fûmes complètement rassurés qu'en découvrant le lieu où nous avions dîné trois jours auparavant. Un pin gigantesque dont nous avions admiré le tronc déchiré par le vent, nous le fit reconnaître. Nous n'en continuâmes pas cependant notre course avec moins de rapidité car le soleil commençait à baisser. Bientôt nous parvînmes à la clairière qui précède d'ordinaire les défrichements, et comme la nuit commençait à nous surprendre, nous aperçûmes la rivière Flint. Une demi-heure après nous nous trouvâmes à la porte de notre hôte. Cette fois l'ours nous accueillit comme de vieux amis et ne se dressa sur ses pieds que pour célébrer sa joie de notre heureux retour.

Durant cette journée tout entière nous ne rencontrâmes aucune figure humaine. De leur côté les animaux avaient disparu ; ils s'étaient retirés sans doute sous le feuillage pour fuir la chaleur du jour. Seulement de loin en loin nous découvrions à la sommité dépouillée de quelque arbre mort, un épervier qui, immobile sur une seule patte et dormant tranquillement aux rayons du soleil, semblait sculpté dans le bois même dont il avait fait son appui.

C'est au milieu de cette profonde solitude que nous songeâmes tout à coup à la Révolution de 1830 dont nous venions d'atteindre le premier anniversaire. Je ne puis dire avec quelle impétuosité les souvenirs du 29 juillet s'emparèrent de notre esprit. Les cris et la fumée du combat, le bruit du canon, les roulements de la mousqueterie, les tintements plus horribles encore du tocsin, ce jour entier avec son atmosphère enflammée semblait sortir tout à coup du passé et se replacer comme un tableau vivant devant moi. Ce ne fut là qu'une illumination subite, un rêve passager. Quand, relevant la tête, je portai autour de moi mes regards, l'apparition s'était déjà évanouie ; mais jamais le silence de la forêt ne m'avait paru plus glacé, ses ombrages plus sombres, ni sa solitude si complète.

Indiani delle Pampas

La progression inexorable de la civilisation

Le 2 avril 1831, Alexis de Tocqueville et son ami Gustave de Beaumont embarquèrent sur le voilier *Le Havre* en direction des États-Unis. Officiellement, les deux jeunes gens, magistrats au tribunal de Versailles, avaient pour mission d'étudier le système pénitentiaire américain. En fait, ce n'était qu'un prétexte pour les deux amis, qui avaient surtout soif d'aventure et de connaissances, même s'ils devaient publier au retour leur rapport sur le sujet. Le voyage fut court – tout juste neuf mois, au lieu des dix-huit prévus – mais bien rempli. Tocqueville rapporta des centaines de pages de notes dans ses bagages.

Il en tira un ouvrage qui est devenu un des grands classiques de la littérature politique : *De la démocratie en Amérique*. Dans ce livre de génie, Tocqueville prédit l'ascension d'une société nouvelle, avec l'acuité de vision qui caractérise également tous ses autres ouvrages : *L'Ancien Régime et la Révolution*, où il dissèque les causes de la Révolution française, et les *Souvenirs* (inachevé), où l'auteur livre ses impressions sur la Révolution de 1848 et relate son expérience de ministre des Affaires étrangères.

Le récit de son équipée à la frontière de la civilisation, effectuée avec Beaumont lors du périple américain, représente l'un des meilleurs exemples de l'intuition et de la sensibilité tocquevilliennes. Les *Quinze Jours dans le désert* (ou *Quinze Jours au désert*), dont Tocqueville commence la rédaction dès la traversée des Grands Lacs qui suit cet épisode, constitue un aperçu *in vivo* des thèses qui apparaîtront dans *De la démocratie*. Dans ce texte, reconnu comme l'un de ses plus beaux, on retrouve le style limpide et vivant qui caractérise son œuvre. Il devait figurer initialement en appendice du deuxième livre de *De la démocratie*. Cependant Tocqueville décida, par amitié, de ne pas y ajouter son récit, car Beaumont venait lui-même de publier un roman inspiré de la même aventure, *Marie ou l'esclavage aux États-Unis* (1835). En définitive, ce sera ce même Beaumont qui fera publier le texte, après la mort de son ami, dans la *Revue des deux mondes* (1860) puis dans les *Œuvres complètes de Tocqueville* (1864-1866).

Dans la chronologie du voyage américain, les *Quinze Jours* suivent le séjour à New York et précèdent la traversée des Grands Lacs, le détour vers le Canada, la visite des autres grandes villes de la côte Est et l'expédition dans le Sud *via* Memphis et La Nouvelle-Orléans. La relation de ces deux semaines évoque Chateaubriand et James Fenimore Cooper : lieux sauvages et déserts, forêts peuplées par les Indiens, peu ou pas encore explorées par les Européens. Aujourd'hui, les lieux traversés par Tocqueville et Beaumont sont devenus d'insipides cités industrielles bordées de gigantesques centres commerciaux. Pontiac, petite bourgade pittoresque à l'époque, fait partie désormais de la grande banlieue de Detroit, capitale de l'industrie automobile et... du crime urbain.

Tocqueville ne serait pas étonné de ces transformations. Comme toujours lucide, il savait déjà que les lieux qu'il traversait seraient bientôt victimes de la progression inexorable de la civilisation. Et c'est bien là que réside la force de son récit : s'il n'est pas le premier à pénétrer ces contrées encore sauvages, Tocqueville est conscient du fait qu'il est probablement l'un des derniers à en goûter la solitude. Et il parvient à nous faire partager sa nostalgie au moment même où il éprouve les sensations les plus intenses au sein de cette nature silencieuse et impénétrable. L'homme s'y sent écrasé par la marche conjointe du temps et de la civilisation et y mesure son extrême vulnérabilité. Les sentiments qu'il ressent alors sont à l'image de « l'homme nouveau » qu'il décrira à maintes reprises dans *De la démocratie* : individu à la fois libre et étouffé par la (nouvelle) société qu'il a lui-même contribué à créer et à établir. Tocqueville se souviendra toute sa vie de ces deux semaines et ses amis l'entendront souvent, au cours d'une soirée, évoquer la rencontre avec ce « Bois-Brûlé » à l'accent normand que les deux voyageurs croisèrent sur sa pirogue.

Si Tocqueville est avide d'aventure, sa préoccupation première est d'ordre intellectuel : il veut comprendre la nature du phénomène démocratique, phénomène à deux facettes, la liberté et l'égalité, inextricablement liées : car la première repose, selon lui, sur l'égalité des conditions. Tocqueville est fasciné notamment par le rôle que joue la liberté dans la société de masse moderne qui se profile, et où la tendance à l'uniformité tend à établir un certain despotisme populaire : la « tyrannie de la majorité ». Par ailleurs, Tocqueville perçoit d'emblée les contradictions américaines à l'égard du rôle et des droits de ses habitants, notamment le « deux poids, deux mesures » appliqué aux citoyens d'origine européenne d'un côté, aux Indiens et aux Noirs de l'autre.

Durant ce voyage, Tocqueville prend véritablement conscience de la déchéance du peuple indien, dont il sait déjà que les jours sont comptés. Lors de cet épisode au cours duquel le sort d'un Indien qu'il a trouvé ivre mort sur la chaussée laisse indifférent l'entourage qu'il essaie d'alerter, Tocqueville souligne ce mélange de naïveté et d'hypocrisie qui caractérise l'Européen du Nouveau Monde, pour qui toutes les valeurs morales et religieuses, si importantes soient-elles dans sa propre vie, ne s'appliquent guère lorsqu'il s'agit de l'Autre : pour l'Américain, « qu'est-ce que la vie d'un Indien ? ». Et Tocqueville d'ajouter ce commentaire incisif : « Satisfait de son raisonnement, l'Américain s'en va au temple où il entend un ministre de l'Évangile lui répéter que les hommes sont frères et que l'Être éternel qui les a tous faits sur le même modèle, leur a donné à tous le droit de se secourir. » Ces contradictions ne sont pas sans étonner encore aujourd'hui l'étranger parcourant l'Amérique et très vite confronté au fossé qui sépare Blancs et Noirs. Plus d'un siècle et demi après le passage de Tocqueville, le problème est loin d'être résolu.

Sa démarche devrait servir de modèle aux nombreux voyageurs débarquant aux États-Unis avec leurs préjugés : après avoir décrit ce qu'il pensait découvrir, il avoue humblement : « De tous les pays du monde l'Amérique est le moins propre à fournir le spectacle que j'y venais chercher ». Aujourd'hui encore, et malgré les images quotidiennes sur l'Amérique qui inondent nos chaines de télévision et nos écrans de cinéma, ce pays éminemment complexe, et qui ne ressemble à aucun autre, est difficile à saisir. Si *De la démocratie* est un *must* pour quiconque désire authentiquement comprendre l'Amérique, les *Quinze Jours* constituent une excellente introduction à ce pays, même pour ceux qui possèdent déjà une bonne pratique de la société américaine. En quelques pages, Tocqueville en dresse un portrait juste et net où sont mis en relief les points essentiels permettant de comprendre la nature de cette société, à commencer par son fondement, qui est l'individu.

La description que fait Tocqueville du pionnier pourrait s'appliquer aujourd'hui à n'importe quel homme d'affaires ou avocat américain : « Concentré dans ce but unique de faire fortune, » il « a fini par se créer une existence toute individuelle ». Cet homme nouveau, selon Tocqueville, est « le représentant d'une race à laquelle l'avenir du Nouveau Monde appartient, race inquiète, raisonnante et aventureuse qui fait froidement ce que l'ardeur seule des passions explique, qui trafique de tout sans excepter même la morale et la religion ». Il est clair que Tocqueville n'apprécie que modérément cette nouvelle société qu'il découvre et les habitants qui la composent. Et il se fait l'écho du voyageur européen contemporain, heureux de découvrir l'Amérique mais heureux aussi de n'y point vivre, surpris de trouver partout sur son chemin des individus interchangeables, à la fois aimables et distants, et qui tendent à tenir un seul et même discours.

Cette volonté individuelle mono-orientée et consensuelle fascine l'aristocrate et l'intellectuel qu'est Tocqueville. C'est la raison pour laquelle il consacrera son existence à étudier la nouvelle société qui émerge aux États-Unis et celle qui se met en place péniblement en France. Et c'est avec la même nostalgie qu'il entrevoit la disparition, politique et sociale, du monde qui est le sien, celui de l'Ancien Régime, et celle, physique, des lieux qu'il parcourt en Amérique. La volonté d'appréhender ces transformations révolutionnaires qu'il comprend et anticipe mieux que personne détermineront sa démarche intellectuelle durant sa vie entière.

ARNAUD BLIN

Vie de Tocqueville

1805. 29 juillet : naissance à Verneuil (Seine-et-Oise) d'Alexis Charles Henri Clérel de Tocqueville, troisième fils de Louise Le Peletier de Rosanbo, petite-fille de Malesherbes – directeur de la Librairie sous Louis XV et avocat de Louis XVI –, et d'Hervé de Tocqueville, de noblesse normande. Tous deux ont été emprisonnés sous la Terreur et sauvés *in extremis* de l'échafaud par le 9 Thermidor.

1824-1826. Études de droit à Paris.

1826-1827. Voyage en Italie en compagnie de son frère, Édouard.

1827. Il est nommé juge auditeur au tribunal de Versailles.

1830. Tocqueville prend parti pour la Révolution.

1831-1832. Voyage aux États-Unis et au Canada avec Gustave de Beaumont.

1832. Il donne sa démission de magistrat par solidarité avec Beaumont, qui vient d'être révoqué.

1833. *Du système pénitentiaire aux États-Unis et de son application en France* (avec Gustave de Beaumont). Voyage en Angleterre.

1835. Publication de la première partie de *De la démocratie en Amérique*. Voyage en Angleterre et en Irlande avec Beaumont. Mariage avec Mary Mottley.

1836. Parution en anglais, dans la *London and*

Westminster Review, de « L'État social et politique de la France avant et depuis 1789 ». Voyage en Suisse.

1837. Échec aux élections législatives.

1838. Membre de l'Académie des sciences morales et politiques.

1839. Élu député de l'arrondissement de Valognes (Manche), il sera constamment réélu jusqu'en 1851 et rédigera trois rapports importants : sur l'esclavage dans les colonies, sur la réforme des prisons et sur les affaires concernant l'Algérie.

1840. Parution de la seconde partie de *De la démocratie en Amérique*.

1841. Il est élu à l'Académie française. Voyage en Algérie avec Beaumont.

1842. Il est élu conseiller général de la Manche.

1842-1844. Membre de la commission extra-parlementaire sur les affaires d'Afrique.

1846. Deuxième voyage en Algérie.

1848. Élu à l'Assemblée constituante. Membre de la commission chargée d'élaborer la Constitution.

1849. Voyage en Allemagne. Du 2 juin au 31 octobre, ministre des Affaires étrangères.

1850-1851. Rédaction des *Souvenirs* (posthume, 1893). Voyage en Italie. Tocqueville condamne le coup d'État du 2 décembre 1851. Brièvement incarcéré, il s'éloigne de l'action politique.

1853-1854. Recherches (France, Allemagne) pour *L'Ancien Régime et la Révolution* (1856).

1857. Voyage de recherche en Angleterre pour la suite de *L'Ancien Régime*.

1859. 16 avril : il meurt à Cannes de tuberculose.

Repères bibliographiques

Ouvrages de Tocqueville
- *Œuvres*, Gallimard, collection La Pléiade, 2 volumes, 1991.
- *Œuvres complètes*, Gallimard, 30 volumes, depuis 1951.
- *De la démocratie en Amérique*, *L'Ancien Régime et la Révolution*, *Souvenirs*, Robert Laffont, collection Bouquins, 1986.

Études sur Tocqueville
- ARON (Raymond), *Les Étapes de la pensée sociologique*, Gallimard, 1967.
- BIRNBAUM (Pierre), *Sociologie de Tocqueville*, PUF, 1970.
- COMMAGER (Henry Steele), *Commager on Tocqueville*, Columbia, University of Missouri Press, 1993.
- FURET (François), « Un nouveau paradigme : Tocqueville et le voyage en Amérique », *Annales*, mars-avril 1984.
- JARDIN (André), *Alexis de Tocqueville*, Hachette, 1984.
- LAMBERTI (Jean-Claude), *La Notion d'individualisme chez Tocqueville*, PUF, 1970.
- LAMBERTI (Jean-Claude), *Tocqueville et les deux démocraties*, PUF, 1983.
- LERNER (Max), *Tocqueville and American Civilization*, New Brunswick, Transaction Publishers, 1994.
- MANENT (Pierre), *Tocqueville et la nature de la démocratie*, Julliard, 1982.
- PIERSON (George W.), *Tocqueville in America*, Baltimore, John Hopkins University Press, 1996.

Mille et une nuits propose des chefs-d'œuvre pour le temps d'une attente, d'un voyage, d'une insomnie...

Dernières parutions

La Petite Collection. 184. Aziz CHOUAKI, *Les Oranges.* 185. ÉPICURE, *Lettre sur l'univers.* 186. Franz KAFKA, *Le Terrier.* 187. Arthur CONAN DOYLE, *Le Visage jaune.* 188. François VILLON, *Ballades en argot homosexuel.* 189. VOLTAIRE, *Candide ou l'optimisme.* 190. Nicolas GOGOL, *Le Nez.* 191. Arthur SCHOPENHAUER, *L'Art d'avoir toujours raison.* 192. CASANOVA, *Le Duel.* 193. Gustave FLAUBERT, *Mémoires d'un fou.* 194. Jonathan SWIFT, *Instructions aux domestiques.* 195. OVIDE, *L'Art d'aimer.* 196. BOSSUET, *Sermon sur l'ambition.* 197. Vladimir MAÏAKOVSKI, *Un nuage en pantalon.* 198. Karl KRAUS, *Aphorismes.* 199. *La Genèse.* 201 CYRANO DE BERGERAC, *L'Autre Monde ou les États et Empires de la lune.* 202. Marcel PROUST, *Les Plaisirs et les Jours.* 203. Virginia WOOLF, *À John Lehmann. Lettre à un jeune poète.* 204. Rudyard KIPLING, *Tu seras un homme, mon fils* suivi de *Lettres de guerre à son fils.* 205. Anthony BURGESS/Isaac Bashevis SINGER, *Rencontre au sommet.* Coédition ARTE Éditions. 206. John LOCKE, *Lettre sur la tolérance.* 207. Charles BAUDELAIRE, *Les Paradis artificiels.* 208.Viktor PELEVINE, *Omon Ra.* 209. Camillo BOITO, *Senso.* 210. Georges SIMENON, *Police secours ou Les Nouveaux Mystères de Paris.* 211. NOSTRADAMUS, *Les Prophéties.* 212. Vincent VAN GOGH, *Dernières Lettres.* 213. Raymond RADIGUET, *Le Diable au corps.* 214. Fiodor DOSTOÏEVSKI, *Le Joueur.* 215. LUXUN, *Tempête dans une tasse de thé.* 216. Jerome CHARYN/LOUSTAL, *Une romance.* 217. Paul GAUGUIN, *Noa Noa.* 218. Alexis de TOCQUEVILLE, *Quinze jours dans le désert américain.* 219. Henri LAPORTE, *Journal d'un poilu.* 220. Honoré de BALZAC, *La Fille aux yeux d'or.*
Les Petits Libres. 15. Pierre-André TAGUIEFF, *La Couleur et le sang. Doctrines racistes à la française.* 16. Gérard GUICHETEAU, *Papon Maurice ou la continuité de l'État.* 17. Guy KONOPNICKI, *Manuel de survie au Front.* 18. Marc PERELMAN, *Le Stade barbare. La Fureur du spectacle sportif.* 19. Toni NEGRI. *Exil.* 20. François DE BERNARD, *L'Emblème démocratique.* 21. Valerie SOLANAS, *SCUM Manifesto.* 22. Shigenobu GONZALVEZ, *Guy Debord ou la beauté du négatif.* 23. Serge MOATI/Ruth ZYLBERMAN, *Le Septième Jour d'Israël... Un kibboutz en Galilée.* Coédition ARTE Éditions. 24. Georges BENSOUSSAN, *Auschwitz en héritage ? D'un bon usage de la mémoire.* 25. Pius NJAWÉ, *Bloc-notes d'un bagnard.*

Pour chaque titre, le texte intégral, une postface,
la vie de l'auteur et une bibliographie.

Éditions Mille et une nuits 94, rue Lafayette 75010 Paris.
e-mail : info@1001nuits.com

Achevé d'imprimer en novembre 1998,
sur papier recyclé Ricarta-Pigna par G. Canale & C. SpA (Turin, Italie).